論語の「愛」に目覚めた日本人
儒教を「権力」の道具にした中国人

石平

PHP文庫

○本表紙図柄＝ロゼッタ・ストーン（大英博物館蔵）
○本表紙デザイン＋紋章＝上田晃郷

文庫版のためのまえがき

私が『論語』という書物に初めて触れたのは九歳のとき、四川省の山村で漢方医の祖父にその珠玉の言葉を暗記させられたことである。そのときから還暦を迎えた今までに『論語』にはずいぶん親しんできているが、多くの人と同様、私にとっての『論語』は、人間とは何か、社会とは何か、人間はどうやって豊かな人生を送ることができるのか、などなどを深く考えさせてくれる貴重な一冊である。

『論語』という書物を愛読する一方、私は昔から、儒教のことがどうにも好きになれない。私が物心ついた時代、中国には「儒教」というものはすでに存在していなかったが、大学に入ってからは哲学が専攻だったので、勉強の一環として、あるいは単なる学問的好奇心のために儒教関連の文献をいろいろと読んでみた。しかし、儒教の書物、特に儒教が「国教」として成立した前漢以後の経典を読んでいると、どれも乾燥無味でいたってつまらない。融通のきかない道学先生が語る平板な道徳律を聞くときの息苦しさは、まさに儒教の「教え」そのものにあるのである。

このような儒教の経典に接したとき、いつも思うのは、そんなものは自分が昔から親しんできた『論語』とはちょっと違うのではないか、ということである。『論語』に表された孔子は、威厳を持ちながらもいつも穏やかであって、後世の儒学者の堅苦しさや押しつけがましさは微塵(みじん)もない。彼はいつものんびりしていて、愛すべき弟子たちに向かって人生の知恵や人間社会の機微などを諄々(じゅんじゅん)と語るのである。

これは私にとっての『論語』と孔子であるが、後世の儒教と同一のものであるとはとても思えない。学問上の常識においては、孔子はすなわち儒教の始祖であって、『論語』はすなわち儒教の第一の教典であるとされている。しかし、自分の心の中ではどうしても、『論語』・孔子と儒教とを結びつけることはできない。いわば常識というものに反して、『論語』と孔子の世界はそもそも、儒教の世界とはまったく別のものではないのかと、ときどき思ったのである。

私が『論語』・孔子が儒教とは別のものであると確信したのは、四川大学で助手を務めた時代、親しい同僚に誘われて四川省北部の梓潼(しどう)県に旅したときである。そのとき、偶然にも清朝時代の文物の一つを見てしまったのだが、そこから私は、清朝時代に盛んだった儒教の変種である礼教の世界の残酷さと非人間性を知って驚愕した。そのときの体験は本書の中に詳しく記しているが、後になって礼教のことをさらに詳しく調べていくと、私はついに、「『論語』と儒教は別である」という私見を固く信じて疑わなくなった。

ならば、このささやかな私見を一体どうやって立証するのか。それは次の問題となってくるのだが、この仕事に本格的に着手することになったのは、実は、梓潼の旅から三十年以上も経った二〇一七年のことである。その間、私の人生にはさまざまな有為転変があり、四川大学で助手を務める一中国人青年が、日本という国で日本人として言論活動を展開するようになった。

長い歳月が流れたとしても、疑問はいつか自分の手で解かなければならないし、自分の確信したものは自分の手で立証しなければならない。このような思いから、『論語』と儒教のことを時間をかけてもう一度研鑽し、丹念に書き上げたのが、二〇一九年にＰＨＰ新書として刊行された『なぜ論語は「善」なのに、儒教は「悪」なのか』という書物である。

この本は発売されたときはけっこうな反響を呼び、増刷も数回あったと記憶しているが、今、同じＰＨＰ研究所の肝煎で文庫本として再版されたのが、皆様の手元にある本書である。

果たして本書の主張する通り、『論語』と儒教はそもそも別物なのか。これについての詳細は皆様の読書の楽しみにとっておくが、ここでは一つだけ、ヒントを与えよう。前漢時代に儒教が成立したとき、儒学者たちが儒教の基本経典として編纂（へんさん）したものに有名な「五経」があるが、『論語』は実は、この五つの経典の中に入っていなかった。それでも、「『論語』はすなわち儒教」といえるのだろうか。

皆様にはぜひ、このような疑問を持って本書をお読みになっていただきたい。そしてこの読書体験はきっと、『論語』と儒教に対する皆様の見方を根本的に変えていくだろうと私は信じてやまない。どうか、一度、私と一緒に、このような知的探検をやってみていただきたい。

令和四年四月吉日

奈良市西大寺界隈、独楽庵にて　　石　平

目次——論語の「愛」に目覚めた日本人 儒教を「権力」の道具にした中国人

第一章

定説や通念を覆す

――孔子とは何者か、『論語』とは何か

第二章 御用教学・儒教の成立と悪用される孔子

第三章 朱子学の誕生と儒教原理主義の悲劇

第四章
朱子学を捨て、『論語』に「愛」を求めた日本

最終章
『論語』はこう読もう

※『論語』の原文、読み下し文の引用に当たっては、原則として金谷治訳注『論語』（岩波文庫）に依拠しました。

序章

私の『論語』体験と、私が見た「儒教の残酷さ」

祖父の摩訶不思議な「教え」

中国生まれの私が『論語』と出会ったのは、例の「文化大革命」の嵐が中国大陸で吹き荒れていた最中(さなか)のことであった。

私の出身地は中国・四川省の成都(せいと)市、両親は二人とも大学の教師である。しかし一九六六年、私が四歳のときに「文化大革命」が始まると、両親は大学から追い出されて、成都郊外の農場で強制労働をさせられる羽目となった。そこで両親は子供の私を四川省の山村で暮らす祖父母に預けることとなり、五歳から小学校五年生まで、私はこの山村で育った。

山村の風景は、私が今暮らしている奈良市や大阪の田舎のそれとよく似ていた。里山があって田んぼが広がり、竹林に覆われる丘と田んぼの間には、農家が一軒また一軒と点在している。文化大革命の最中でも、紅衛兵(こうえいへい)たちはそんな辺鄙(へんぴ)な寒村にめったに来ないから、都市部と比べればここでの生活は幾分静かであった。

祖父は村の漢方医である。自分たちの住む村だけでなく、周辺一帯でも「名医」として名が通っていた。毎日のようにあちこちから患者が受診に来るのだが、私の記憶では、ほとんどの人が診療代の代わりにお米や鶏、鴨、卵、野菜などを持ってくるものだから、祖父母と私の三人の生活は、貧困でありながらも食べることに困ったことはなく、いたって平穏で安定していた。

私たち子供は毎日のように里山で遊んだり合戦ごっこをしたり、時には川や田んぼで小魚や泥鰌（どじょう）をつかまえて焼いて食べたりしてずいぶん楽しんでいた。七歳になって村の小学校に入ってからも、午後の授業をサボって里山を駆け巡って遊ぶのは、私たち悪ガキ集団の日常であった。

祖父母は私の教育に関してはいたってルーズであった。学校をサボって遊びふけっていたことがばれてもそんなに怒らないし、外の喧嘩に負けて泣いて帰ってきても、老人の二人は見て見ないふりをして、「何かあったのか」とはいっさい聞かない。唯一、祖母に厳しく言われたのは、「弱い子、小さな子を虐（いじ）めたら絶対駄目だよ」ということだったが、他のことはどうでもよい風情（ふぜい）である。

祖父のほうは、私の国語（中国では「語文」という）教育にだけこだわっていた。「算数ぐらいは学校で勉強してもよいが、お前の国語の勉強だけは、学校の青二才の先生にはとても任せられない」というのが、祖父のいつものセリフであった。そのため、私が小学校に上がったその日から、ほとんど毎日のように祖父の自己流の国語教育の施しを受けることになった。

そのお陰で、国語の成績だけは、私は常にクラスの一番であった。悪ガキどもが誰も書けない難しい漢字もさっさと書けるし、学校の先生でさえ知らない四字熟語もいっぱい覚えた。この小さな小学校で、私はいつしか、国語の「師匠」と呼ばれるようになっていた。

しかし小学校四年生あたりから、祖父の私に教える国語は、以前とはまったく違う奇妙な内容となった。

以前は、新聞や本を教材にしていたが、今度は、祖父が一枚の便箋にいくつかの短い文言を書いて私に手渡し、自分のノートにそれを繰り返し書き写せ、と命じるのである。しかも、一枚の紙が渡されると、一週間か十日間は同じものを何百回も書き写さなければならない、という退屈極まりない勉強である。

さらに奇妙なことに、明らかに現代語とは違ったそれらの文言の意味を、祖父はいっさい教えてくれない。どこから写してきたのか、誰の言葉であるかもいっさい語らない。「書き写せ」との一言である。

今でも鮮明に覚えているが、たとえば、「不患人之不己知、患己不知人也」（「学而第一」）、「興於詩、立於禮、成於樂」（「泰伯第八」）などなど、小学校四年生の私にはその意味がわかるはずもない難しい言葉ばかりである。それでも祖父の命令で、毎日自分の手で、それを何百回も書き写さなければならなかった。

しかし、それよりもさらに摩訶不思議なのは、この件に関する祖父の奇怪な態度である。毎日家の中で、私にそれらの言葉を書き写させながら、学校ではそのことを絶対言ってはいけないと厳命した。そして、祖父に渡された便箋もそれを書き写したノートも、最後は一枚残さず祖父に回収されるのである。

祖父が私に書き写しを命じたそれらの言葉は、きっと良い言葉なのであろう。なのにいったいどうして、悪いことでもやっているかのように奇妙な行動をとるのか、子供の私には不思議でならなかった。

夜中に目撃した信じられない光景

そして、ある日の夜、私は信じられないような光景を目撃することになった。

私が夜中に目覚め、庭にある厠に向かおうとして台所の前を通ったときに、人の気配を感じたのだった。密かに中を覗くと、普段は決して台所に入らない祖父の姿があった。背中をこちらに向けて、しゃがんで何かを燃やしている。目をこすってよく見ると、そこで燃やされているのは何と、私が祖父から渡された文言を書き写したノートではないか。わが目を疑うほどの、衝撃的な光景であった。

なぜ、どうして、そんなことをしなければならないのか。その当時の私には、まったくわからなかった。

その謎が解けたのは、祖父が亡くなった後、私が大学生になってからのことである。実は、祖父が私に書き写しを命じたのは全部、かの有名な『論語』の言葉であった。

『論語』の文章と現代中国語の文章は、日本人から見ると同じ「漢文」に見えるかもしれないが、文法的にはまったく組み立ての違う文章である。山村に育った小学生の私が、十分に理解できるはずもなかった。

にもかかわらず、生徒に『論語』の言葉の意味をいっさい説明しないまま、ただ何百回も書き写させるというのは、まさに祖父の世代の教育法であった。祖父は、この古式に則ったままの『論語』教育を、孫の私に施したわけである。

しかし、このような『論語』教育を、まるで悪事でもやっているかのように「密か」に行ったのは、別に「古式」でも何でもなかった。それは、「文化大革命」の時代における特異な事情によるものである。

毛沢東（もうたくとう）の発動した「文化大革命」は文字通り、「文化」に対する革命であった。つまり、中国の伝統文化を「反動的封建思想・封建文化」として徹底的に破壊してしまおうとするものであった。その中で、孔子の思想は、葬るべき「反動思想」の筆頭として槍玉（やりだま）に挙げられたのである。

このような状況下では、子供に『論語』を教えることなどは、まさに許されないことだった。もし見つかったら、大罪として徹底的に糾弾されたであろう。発覚したら、祖父の命すら危なかったかもしれない。だからこそ、祖父は私に『論語』を教えるのに、ああするしかなかったのである。

しかしそれにしても、当時の祖父が身の危険まで冒して私に『論語』を教えたかったのは、いったいなぜなのか。大学生になって田舎の村に帰省したとき、やっと祖母の口からそのわけを聞き出した。

実は、漢方医であった祖父は、孫の私に自分の医術を全部伝授して、立派な漢方医に育てていくつもりだったというのだ。祖父自身の子供たちは誰一人彼の医術を受け継ごうとしなかったから、孫の私が祖父母の家に預けられたそのときから、祖父はそんな決意を密かに固めたようである。

そして、祖父の世代の漢方医の考えでは、医術はまず「仁術」でなければならなかった。祖父は医術伝授の前段階の「基礎教育」として「仁術」を身に着けさせるために、『論語』の言葉を私に教えた、というわけである。

しかし残念なことに、私が小学校五年生のときに成都にいる両親の元に戻されてから間もなくして、祖父は肺がんで亡くなった。孫の私を漢方医に育てるという祖父の夢はついに叶わなかったのである。

これが、私が子供時代に体験した、それこそ「論語読みの論語知らず」という奇妙な勉強体験であり、私の人生における『論語』との最初の出会いであった。

おかげで、『論語』の多くの言葉が、私の記憶の中に叩き込まれ、深く刻まれた。初老となった今でも、『論語』の言葉の一つを耳にしただけで、一連の語句が次から次へと頭の中に浮かび上がってきて、湧くように口元にのぼってくる。

その一方で、祖父が私に施した『論語』教育の真意を、大学生のときに祖母から聞き出して以来ずっと、「『論語』とは何か」というテーマが私の大いなる問題関心の一つとなった。

わが祖父が命の危険を冒してまで私に教えた『論語』は、きっと素晴らしい書物であろう。しかし、その素晴らしさは、いったいどこにあるのか。

二千数百年前に生きた孔子という人間の発した言葉の一つ一つに、いったいどのような深意があるのか。そして、今に生きるわれわれが、それをいちいち覚えておくほどの価値があるのか。私の祖父と祖父の世代の中国の知識人たちは、『論語』のことを不滅の「聖典」だと思っているようだが、果たしてそうなのか。現代に生きるわれわれにとって『論語』を学ぶ意味は、いったいどこにあるのか、などなど、『論語』をめぐるさまざまな問題はこの数十年間、ずっと私の心の中にあり、時折、浮上してきては私に思索を促した。

こうして、幼少時代の四川省の山村での体験によって、一思考者としての私は『論語』と生涯の縁を結ぶこととなったのである。

梓潼県の「貞孝節烈総坊」の衝撃

私が北京大学哲学部に入学したのは、一九八〇年のことである。大学の専攻として哲学を選んだこともまた、自分と『論語』との縁を続けさせる要因の一つとなった。

当時の哲学専攻の授業科目は当然、「官学」であるマルクス主義を中心に組み立てられていたが、大学三年生のとき、やっと中国哲学史の授業が始まった。そこで中国思想の一部として儒教思想も教えられ、その中には当然、子供のときからすでに触れていた孔子の思想も含まれていた。

さすがにこのあたりの授業となると、祖父によって叩き込まれた『論語』の文言の一つ一つが一気に蘇ってきて、自分の心の中で何かを呼び起こした感じもした。

儒教全般に関してもいろいろと勉強することができ、自分自身の儒教に対する理解もある程度、進んだ。当時の私は、教科書やその他の学術書が教えているとおり、孔子こそが儒教の創始者であり、『論語』にこそ儒教思想の源と原型があると思っていた。

とはいえ、正直にいえばその時期は、孔子や儒教に対して、さほど興味を持っていたわけでもなかった。自分たちが大学生だったその時代は、中国ではまさに民主化の機運が高まった激動の時代であり、西側の民主主義思想やヒューマニズムから啓蒙（けいもう）を受ける時代であった。そのとき、哲学専攻の私たちは当然のように、孔子や儒教などよりも、ルソーやフランス革命の思想、そしてサルトルに心酔していた。儒教でいう「仁義礼智信」よりも、「自由・平等・人権」などの言葉がわれわれの心を捉えた。

私自身に関していえば、大学生時代はルソーを愛読し、民主化運動の積極的な参加者となっていたが、大学を卒業して地元の四川大学に就職してからも、民主化運動と自由・平等・人権などの高邁（こうまい）なる理念への情熱は依然として衰えることはなかった。大学助手や講師としての立場を利用して、学生たちに民主化と自由・人権思想の「啓蒙教育」を行うことに全身全霊を傾けていた。

だが、そのころ偶然に、長く忘れていた儒教の一面に触れる機会があった。そして私は、その体験から、大変な衝撃を受けることになったのである。

四川省の北部に梓潼（しとう）県というところがある。中国の戦国時代からすでに名前が知られている、歴史のある地方である。大学の親しい同僚にこの県の出身者がいて、夏休みに彼の誘いで遊びに行ったのだった。

そこで、彼に県内の名所をいくつか案内してもらったのだが、その中の一つが、地元で「碑坊街」と呼ばれる場所だった。

「碑坊」というのは中国の伝統的建築様式の一つで、門の形をしている建築物である。日本の仏教寺院の山門や神社の鳥居と似ていて、その中間のようなものであるが、機能的には「門」として使われるのではなく、現代風にいえば要するに「記念碑」である。清王朝までの歴代王朝においては、歴史上の重要人物やその事績を表彰し記念するために碑坊が全国のあちこちでよく建造されていた。しかし文化大革命の時代にその大半が取り壊されて、今では一部しか残っていない。

梓潼県の「碑坊街」には、清朝末期に建てられた碑坊が現在まで残っていたため、街全体が観光名所となっていた。その碑坊の正式名は「貞孝節烈総坊（ていこうせつれつそうぼう）」という。中国全土に現存する碑坊の中でも、とびきり大きなものの一つである。

同僚の案内で「貞孝節烈総坊」に近づくと、まずはその重圧感に圧倒された。高さはおよそ一〇メートル以上あり、四本の太い石の柱で支えられていて、彫刻などの装飾は豪華絢爛である。

碑坊の真下で同僚の解説が始まったのだが、この「総坊」は清朝の光緒帝の時代、朝廷からの命令によって地元出身の一四三名の女性を表彰するために建てられたという。この一四三名の女性の名前は、実際に碑坊の中心部分にきちんと刻まれていた。

朝廷は、いったいどうして、辺鄙な一地方にすぎない梓潼県の女性たちを表彰したのか。それは、碑坊の名前の「貞孝節烈」の四文字の示すとおりである。彼女たちが地元の「貞女」「孝女」、そして「節婦」「烈婦（烈女ともいう）」だと認定されたので、碑坊に名を刻まれて表彰されたのである。

同僚の説明を聞くまでもなく、「貞女」「孝女」の意味は何となくわかった。だが、「節婦」「烈婦」とは何か、そのときの私にはまったく見当もつかなかった。すると、歴史学が専門で地元出身の同僚が詳しく解説してくれた。

同僚の解説によると、礼教（すなわち南宋時代以来の新儒教）が支配する明朝や清朝の時代、女性が結婚して夫に先立たれた場合、原則的には再婚が許されなかった。礼教の「礼」がそう決めているからである。

既婚の女性が夫に死なれたとき、彼女に残された道は二つだった。

一つの道は、もし、夫の残した跡継ぎの息子がいる場合、女性は嫁ぎ先の家にそのまま残って、寡婦の立場で夫の遺子を育て上げなければならない。それは普通「守節」というが、「守節」を貫いた女性は「節婦」と呼ばれ、社会一般に高く評価される。場合によっては朝廷からも表彰されるのである。

だが、もし死んだ夫との間に遺子がいなかった場合、あるいは遺子がいても男子でなかった場合、未亡人はどうするのか。残された道は一つしかなかった。すなわち、嫁ぎ先と実家の両方の家族と社会一般の圧力の下で、夫に殉ずる形で自らの命を絶つのである。

このような行為は「殉節（じゅんせつ）」と呼ばれて、それを成し遂げた女性は「烈婦」と呼ばれる。「烈婦」は「節婦」よりもさらに高い評価を受け、「殉節」がよりいっそう名誉なこととして、朝廷より表彰されるのである。

まさに偽善と欺瞞以外の何物でもない「残酷さ」

同僚はさらに、碑坊に名を刻まれた「節婦」「烈婦」の具体例を挙げて説明してくれた。その一人は呉白氏という女性である。ちなみにその時代、既婚の女性は実家の氏名と嫁ぎ先の家の氏名を合わせて、自分の名前としていた。「呉白氏」とは要するに、白氏の家から呉氏の家に嫁いだ女性の名前である。

浙江省の官僚家庭に生まれ育った呉白氏は、長じて梓潼県の同じ官僚家庭の長男に嫁いだが、不幸なことに自分が二十八歳のときに夫が病死した。それ以来、呉白氏は寡婦のままで二人の子供を育て、死ぬまでの四十五年間にわたって「守節」したという。彼女が死去してからまもなく朝廷によって表彰されたのだが、「貞孝節烈総坊」が建てられたとき、その名前がめでたく碑坊に刻まれたのである。

同僚が紹介してくれたもう一人の女性は張金氏で、「烈婦」であったという。彼女の場合、十七歳で結婚してわずか一年後に夫が急死した。子供がいないために「烈婦」になる以外に道はない。そこで夫の葬式が済んだ後、彼女は夫の墓の前で三日間にわたって号泣してから川に身を投じて自決した、と地元の「地方志」に書かれているという。

同僚が言うように、昔の「地方志」などの歴史記録は、こういう「烈婦」の事績を書くときには、いかにも彼女たちが自分の意志で夫に殉じたかのように記述するのが普通である。だが、本当だろうか。それは単なる美化であって実際はそうではないのではないか。彼女たちのほとんどは、家族と社会に強く迫られて、半強制的に自決を遂げたのではないか。

解説をしてくれた同僚も、話の最後に、「『礼教殺人』という言葉があるけれども、昔の礼教は本当に殺人的だったよね」と憤慨した表情で付け加えた。

同僚の解説を聴き終えて、そんなのはあまりにも理不尽な話ではないか、と思わざるをえなかった。さらに、碑坊に刻まれた一四三名の女性たちの名前を一つ一つ眺めているうちに、一種の深い哀しみが胸に込み上げてきた。

考えてみれば、彼女たち自身にとってそうなったのは、「自由意志」によるものでもなければ、名誉なことでも何でもないであろう。「節婦」といわれる女性たちはただ、社会的圧力に屈して、女性としての人生と幸せを捨てて「守節」しただけのことである。さらに「烈婦」と呼ばれる女たちに至っては、要するに、周りの人々に強制されてかけがえのない命までを捨てて「烈婦」になったのだ。そういう意味では、彼女たちは確かにその時代の「礼教」の犠牲者であり、「社会」によって殺されたようなものである。

にもかかわらず、彼女たちを死に追いやった「礼教」と「社会」は、その一方で「節婦」や「烈婦」云々ともてはやし、こんな立派な建造物をつくって「表彰」しているのである。まさに偽善と欺瞞以外の何物でもない。そんな残酷なことが、明清時代の五百年以上にわたって中国全土のあちこちで起きていたことを思うと、碑坊の下に立つ私も、同僚と同様、憤慨を覚えざるをえなかった。

とりわけ、同僚が口にした「礼教は本当に殺人的だったよね」の一言は、グサッと私の胸に刺さった。

私はそれまでの中国思想史の勉強を通して、「礼教」に関しては一定の知識を持っていた。明清時代に流行った礼教とは、要するに中国伝統の儒教の発展型であって、「新儒教」と呼ばれるものである。南宋時代に確立した朱子学が「天理」と「人欲」との対立軸を打ち出し、それを受けて、いわゆる「存天理、滅人欲（天理を存し、人欲を滅ぼす）」という過激なスローガンの下で誕生したのが、すなわち新儒教としての礼教であった。

つまり、礼教というのは、まさに「存天理、滅人欲」というスローガンの下、「礼」という強制力のある社会規範をもって、人間性と人間的欲望を抑制し圧殺することを基本理念とするものだったのである。

それゆえ、朱子学と礼教が支配した明清の時代、中国は窒息しそうなほど、きわめて抑圧的な社会となった。だからこそ、清王朝崩壊前後の啓蒙時代になると、西洋のヒューマニズムの影響を受けた中国の新知識人たちは「礼教殺人」という言葉を言い出して、中国伝統の礼教に対する厳しい批判を展開したのである。

私は、梓潼県に行く前に、以上のような礼教に関する一般的知識は持っていた。だが実際に、一九八〇年代半ばのあの日、「貞孝節烈総坊」の下に立って、大学の同僚の口から「節婦」や「烈婦」の話を聞いたときの衝撃は大きかった。

そうか、あの時代の中国社会はそれほど残酷なものだったのか。礼教というものは、それほど陰湿で残忍な性格を持っていたのか。私の心の中では、今まで漠然と知っていた「礼教殺人」という言葉が、いきなり戦慄するほどのリアリティを持つようになったのである。

『論語』と礼教との間にあるギャップ

同僚との梓潼県への旅から戻ると、礼教のこと、そして「節婦」や「烈婦」のことがとても気になったので、大学図書館でさまざまな関連書籍や文献を借り出して読み漁った。

歴史上の実態はやはり同僚の解説したとおり、あるいはそれ以上のものであった。文献から、「節婦」「烈婦」の大量出現は何も梓潼県だけのことではなく、全国に広がっていた一般的現象であることがよくわかった。ある書物に、「礼教が支配した清王朝時代、全国各地で毎年現れた『節婦』『烈婦』の人数は万人単位となっている」という数字が書いてあるのを目にしたとき、私は背筋が凍るような思いがした。人類史上、これほど残酷な社会、これほど残酷な時代は他にあるのかと愕然(がくぜん)としたのである。

それ以来、礼教というものの残酷性に対する自分の認識が出来上がったわけだが、それと同時に、自分自身の中では一つの大きな葛藤を抱えることにもなった。

礼教は本質的には儒教と同じであって、要するに儒教の一種である。そして一般的な定説と通念からすれば、『論語』という書物こそが儒教思想の原型と源をなすものであり、孔子が儒教の始祖だとされる。

だとすれば、『論語』という書物と孔子の思想は、儒教・礼教と当然繫(つな)がっており、両者の間には共通した理想理念があるはずである。そしてもし、「存天理、滅人欲」に象徴されるような「人間性の抑圧」こそが礼教の本領であるとすれば、礼教以前の儒教と『論語』にもこれと同じような思想的要素があるのではないか、ということになる。

つまり、同じ儒教であるなら、『論語』にもやはり、いわゆる「礼教殺人」の思想と共通するような思想的要素があるはずである。

しかし、少なくとも私自身の『論語』体験からすれば、それはちょっと違うのである。私が祖父から教わって今でも鮮明に覚えている『論語』の言葉の数々には、礼教の「殺人思想」と繋がるような思想的要素、あるいは精神的要素は何一つなかった。

私の覚えた『論語』には、人間性の抑圧や人間の欲望の否定を唱える言葉など何一つなく、ましてや女性の「守節」や「殉節」を奨励するような表現はどこにも見当たらない。そのかわりに、孔子が『論語』の中で盛んに語っているのは「愛」(仁)であり、「恕」(思いやりの心)であり、親の気持ちを大事にする意味での「孝」なのである。

『論語』は確かにさまざまな場面で「礼」を語り、「礼」を大事にしている。「未若貧而楽道、富而好礼者也」（いまだ貧しくして道を楽しみ、富みて礼を好む者には若かざるなり）や、「礼與其奢也寧倹、喪與其易也寧戚」（礼は贅沢であるよりは質素であったほうが良い、葬式は形を整えるよりも心底から悲しむのが良い）などである。

しかし『論語』の語る「礼」は、どう考えても、礼教が人間性や人間的欲望の抑制に使うような厳しい社会規範としての「礼」とは全然違う。『論語』の語る「礼」は要するに、相手のことを心から大事にする意味での「礼」であって、人間関係を穏やかにするための「礼」である。そこには、人間的温かみはあれ、礼教の唱える人間抑圧の匂いはいっさいない。

とにかく後世の礼教の残酷さと冷たさとはまったく違い、『論語』から感じられるのはむしろ優しさと温かさである。『論語』と礼教との間にはどう考えても、何の共通点もないはずである。

しかしその一方で、それまで学んできた知識からすれば、あるいは自分が読んできたあらゆる関連の書物からすれば、礼教と『論語』は、まさに儒教というものを通じて連結されている。『論語』は儒教思想の源だとされ、礼教は儒教の発展型だと定義されるが、基本的には両方とも同じ「儒教」であると認識されているのである。

そのような「儒教」認識に対して、私自身は「梓潼の旅」以来、やはり大いなる疑問を感じるようになっていた。心優しい『論語』と、あの残酷極まりない礼教と、いったいどこが同じなのか。『論語』の語る「礼」と、後世の礼教が重んじる「礼」とは、そもそも本質的には別々のもの、無関係なものではないのか。そう秘かに思ったのである。

日本で見つかった本当の『論語』、そして「礼の心」

『論語』と中国流の礼教とは、やはり別のものであると確信するに至ったのは、私が日本に来てからのことである。

一九八八年の春、私は留学のために日本に来ることになった。中国政府の派遣で大阪大学に留学している高校時代の親友が「こっちに留学に来ないか」と誘ってくれたことが、日本留学のきっかけである。

私は、留学の最初の一年間は、大阪市内の日本語学校で日本語を学んでいた。異国の日本に来てからは当然、さまざまなカルチャーショックを体験することになる。

だが、その中で特に感心したのは、やはり、周りの日本人の礼儀正しさであった。

「ありがとう」という日本語を覚えてからは、それが日本での日々の生活の中で、実に頻繁に使われていることに気がつき、一種の驚きと温かさを覚えた。バイト先の店主さんにしても日本語学校の先生や事務員にしても、皆さんの私に接する態度はいたって親切で礼儀正しかった。

そして、日本に来てから一カ月後、私の目の前で起きたささやかな出来事の一つが、それこそ「礼」とは何かを端的に教えてくれる貴重な機会となったのだ。

私を日本留学に誘ってくれたのは高校時代の親友だったが、私費で日本に留学に来る際、手続き上、安定した収入のある日本人に保証人になってもらうことが必要であった。そこで私の親友が、大阪大学大学院の同じゼミの日本人院生に頼んでくれて、その人の父親が私の来日の保証人になってくださった。

おかげで来日できたわけだから、当然、ぜひ一度、保証人になってくれた方に挨拶に行かなければならない。日本に来てから一カ月、私も少し日本語を学んで、自分の口から「ありがとうございます」と言えるようにもなったので、ある日曜日、親友に連れられて保証人の方のお家（うち）に伺うこととなった。

今でも鮮明に覚えているが、保証人になってくださった方の家は、阪急電鉄の石橋駅（現在の石橋阪大前駅）近くの住宅街にあった。駅に着くと、親友はまず公衆電話から「今から行きます」と連絡を入れ、そして二人で歩くこと数分で、保証人の家に着いた。二階建ての普通の民家であった。

ドアチャイムを押して「どうぞ」との返事があったので、玄関を押し開いて中に入った。玄関に入ったその瞬間、そこで目撃した光景はあまりにも衝撃的で、私はそのまま凍りついた。このお宅の初老の奥様がなんと、玄関口の床に正座して両手を床につけ、頭を深く下げて、私たちを迎えてくださったのである。

あまりにも意外な光景に驚きながら、その瞬間、目頭が熱くなって涙がこぼれた。私が二十六歳（その当時）まで生きてきた中で、人にそれほどの礼をもって接せられ、人にそれほどの温かさをもって迎えられたのは初めてのことだった。

正直、保証人の方の家へ行く途中は、ずっと心細い思いであった。自分は世話になる身であり、先方は世話をするほうである。そして、そのときの自分は、社会的立場など何もない外国からの一留学生に過ぎなかった。たとえ相手が自分に対して尊大な態度をとったとしても、自分たちに冷たく接したとしても、私はそれを甘受する以外にないし、そうなっても仕方がないと覚悟を決めていた。

しかし、実際の展開はあまりにも意外なものであった。保証人の奥様は、一方的にお世話になっている私たちのような外国からの留学生に対して、それほどの礼儀をもって丁重に、そして温かく迎えてくれたのだ。

もちろん、家にお邪魔している間ずっと、保証人とその奥様は終始一貫、親切な態度で温かく、そしてリラックスした雰囲気で私たちに接してくださった。あたかも自分たちが大事な貴賓になったかのような思いがすると同時に、自分の家に帰ったかのような感じもした。人生で忘れ難い、楽しくて温かなひと時であった。

その日から一週間から十日間、時々そのときの光景を脳裏に浮かべながら、いろいろと考えを巡らした。

子供時代に教わった『論語』では、「礼」について語られる場面が数多くあり、人間社会にとって「礼」が非常に重要であることは何となくわかっていた。しかし残念ながら、「文化大革命」の荒れた時代の中国で育った私は、日本に来るまでは「礼」の具体的な形、「礼」とは何かをこの目で見たことは一度もなかった。ましてやこの自分が、誰かに「礼」をもって接せられた覚えは一つもない。紅衛兵式の乱暴と無礼こそが、あの時代の中国の文化であり、日常であった。

しかし、日本に来てからわずかひと月で、私は「礼」の満ちている社会の中で生きる実感を得て、「礼」が生活の一部となるとはどのようなことかを知った。保証人の家を訪れたその日、私は人生で初めて、「礼」の端的な美しさと温かさに接することができ、本当の「礼の心」に触れた気がした。「礼」とはそれほど温もりがあって、それほど人間性に満ちているものなのかと感銘を受けたのである。

そのときの体験はある意味で、私を「礼」というものの原点に触れさせることともなったのだが、後になって考えてみれば、私が一人の日本人のご婦人の姿から感じ取った「礼」の温もりは、子供の時代に祖父から教わった『論語』の言葉と同じような温かさを持っていた。何だか、『論語』の言葉の深い意味、『論語』が語る「礼」というものの本質が、一人の日本人の婦人の振る舞いによって目の前に示されたような気がしたのである。

そして日本で表れた「礼」の意味と姿は、私が故郷の四川省の梓潼県で教わった礼教の「礼」の残酷さとはまるきり違っていて、まったく異質なものであることも、何となくわかった。中国の「礼」と日本の「礼」とは、「違っている」というよりも、まさに正反対である。それは、いったいどういうことか、実に不思議だった。

デュルケームと「礼の用は和を貴しと為す」

以上は、日本に来て間もなくの「礼の体験」であったが、大阪で一年間日本語を学んだのち、一九八九年四月から神戸大学大学院に留学生として入学した。それ以来六年間、神戸で留学生活を送ることになった。

そして、この神戸大学大学院での勉学の中で起きた『論語』にまつわる出来事の一つは、私をまた「礼」の再発見へと誘い、私に「礼」とは何かを再び考えさせてくれることになった。

私の大学院の修士課程での専攻は社会学である。私の指導教官は、フランス近代の社会学者である、エミール・デュルケームの思想を研究テーマの一つにしていた。

ある日のゼミで、デュルケームの「社会儀礼論」がテーマとなった。その学説を簡単に説明すると、デュルケームは社会統合における儀礼の役割をとりわけ重視し、人々が儀礼を通じて関係を結び、共に儀礼を行うことによって集団的所属意識を確認し、集団としての団結を固めていくものである、との説である。

今まで、「儀礼」などは単なる形式にすぎず、あってもなくてもよいものだと考えていた自分にとって、デュルケームのこの「社会儀礼論」はかなり新鮮で、たいへん面白かった。

そこで、ゼミの討論時間に、私は自分の意見を述べた後で、思わず次のような感想を付け加えた。

「さすがにフランスの社会学者ですね。深いところを見ていると思います」

それを聞くと、指導教官は顔を私に向けて、口許に笑みを浮かべながら、こう言った。

「何を言っているのか君、そういう深いことを最初に考えたのは君の祖先じゃないのか」

意表をつかれて戸惑った私の顔を見ながら、先生は続けた。

「『礼の用は和を貴しと為す』という言葉、君は知らないのかね」

先生が口にしたのは、何らかの古典の漢文であることは、すぐにわかったのだが、その原文がいったい何なのか、すぐには私の頭に浮かんでこなかった。

そうすると先生はペンを取って、メモ用紙にさっと書き示した。

「礼之用和為貴」という語句である。

先生のペンが止まったその瞬間、私はわかった。

「『論語』の言葉ですね、先生」と答えた。

「そうだ。わかっているじゃないか。君は中国人だから、『論語』をもっと読みなさい。日本人の諸君も読んだほうがよい。ためになるぞ」

と先生は満足げに頷き、その日の「『論語』談義」を締めくくったのである。

この日のゼミでの出来事は、多くの意味において、自分自身にとってたいへん衝撃的だった。日本人の、しかも西洋の社会学を専攻とする指導教官の口から、『論語』の言葉を聞かされようとは、思ってもみなかった。

そして先生に言われて考えてみると、確かに「礼之用和為貴」という『論語』の言葉は、あのデュルケームの「社会儀礼論」が言わんとする真髄の部分を、一言で鋭く言い尽くしている気がする。日本の中国思想史研究家の金谷治氏は、この言葉を「礼のはたらきとしては調和が貴いのである」（金谷治訳注『論語』岩波文庫）と現代日本語に訳しているが、デュルケームの「社会儀礼論」の本質はまさに、この簡潔な一言に凝縮されているのではないか。

「『論語』の言葉はそれほどの奥深さを持っているのか」と、中国人（当時）の私は、初めてわかったような気がした。それと同時に、『論語』の語る「礼」の本質がどこにあるのかについても、自分なりの理解ができた。

なるほど、まさしくそういうことだ。「礼の用」、すなわち礼の働きはまさに「和為貴」、つまり「和」を大事にして人間関係や社会を調和させることだ。そしてここでの「和」とはすなわち和むことであり、和やかな心であり、親和であり和睦であり、心の温かさと温もりがその背後にあるはずである。このような「礼の用」の作り出す「和」は、まさに私が自分の保証人の奥様の振る舞いから感じたあの温かい「和」と同質のものだ。

言ってみれば、「礼之用和為貴」という『論語』の言葉が「礼」というものの本質を言い尽くしたのに対し、一人の日本人婦人のごく自然な振る舞いは、『論語』の言葉が目指す礼の理念をそのまま実践し、そのまま実現してみせたのである。

考えてみれば実に不思議なことだ。幼少の時代から『論語』の言葉を教わった中国人の私は、結局のところ、フランス人である有名なデュルケームの「社会儀礼論」の力を借りて、そしてまったく無名である一人の日本人婦人の振る舞いから受けた感銘において、『論語』の言葉の真意を初めて理解することができ、『論語』の語る「礼」とは何かが初めてわかったのである。

『論語』と儒教はまったく別々のものである

どうやら『論語』の心と通じ合うのはフランス人の社会理論であり、日本人の日常的振る舞いであるようである。それと比べれば、昔から儒教の国であったはずの中国には、『論語』の語る「礼」や「和」の面影もない。あのような和やかにして心温まる「礼」と「和」の世界はどこにも見つからない。

もちろんそれは、儒教の倫理規範が文化大革命で破壊されたというだけの話でもない。今でも四川省の梓潼県に立っている例の碑坊が教えてくれているように、そもそも中国伝統の礼教と礼教の作り出した社会は、心の温かい「礼」と「和」とは無縁な世界であり、過酷さと残忍さを基調とする世界であった。礼教の重んじる「礼」と『論語』の語る「礼」とは、まるきり異なっているのである。

そうなると、私が以前から『論語』と礼教との関係性について抱えてきた疑問に、一つの明確な答えが出たような気がした。

やはり、孔子の『論語』と後世の礼教とは別々のものだ。『論語』の精神と考えは、後世において興った中国伝統の礼教とは本質的には相いれない、まったく正反対のものなのだ。

要するに、孔子の『論語』と、朱子学の生み出した礼教とが異なるものであることは明々白々である。それでは、『論語』と朱子学の関係はどうであろうか。さらに儒教全体と『論語』との関係はどうであろうか。

実際のところ、朱子学と儒教全体は、『論語』を自分たちの思想の原点だと思い、孔子のことを「聖人」として崇拝しているはずである。

しかし、そうはいっても、礼教が孔子の『論語』とはまったく異質なものであるならば、礼教の理論的基礎である朱子学と、朱子学の生まれる土壌である儒教も、煎じつめていけば『論語』と同じものであるはずがない。つまり『論語』と孔子はそもそも、儒教とは無関係であるはずだ。

もちろん、このような視点は、儒教と『論語』に関するあらゆる学問上の定説および歴史上の一般的な通念とはまったく相反している。まさに、異端そのものである。

このような異端な論点が、果たして成り立つのか。自分は果たして一般的な常識に反して、『論語』と儒教とは別々のものであると堂々と言えるのか。それはまた、私自身が長年にわたって心の中に密かに抱えてきた問題意識の一つであった。

もちろん、自分自身を哲学の徒と自任している以上、疑問を持っていれば、それを解かなければならないし、問題意識を抱えたならば、それについての探究を行わなければならない。したがって、実は今まで数十年間にわたって、私は上述の問題意識を念頭に置き、時間のあるときには『論語』関係、儒教関係の学術書や文献を読んだり、思索を巡らしたりして、自分なりの探究を深めてきた。そして最近やっと、自分の長年の探究の結果として、自信を持って次のように堂々と言えるようになった。

そう、孔子の『論語』と、儒教とを同一視する今までの学術上の定説と歴史上の通念は、まったく間違っている。『論語』と儒教は、その本質においてまったく異なっており、そもそも別々のものでしかない。『論語』はとにかく儒教とは違うのだ。『論語』の精神は『論語』にあって、儒教にあったのではない。『論語』は『論語』であって、儒教は儒教なのである、と。

そして、『論語』の精神と考えには、われわれにとって普遍的な価値のあるものが多く含まれているから、『論語』は大いに読まれるべきである。しかし、儒教とは単なる過去からの負の遺産であり、廃棄物として捨てておくべきものである、と。

以上は、『論語』と儒教の関係性に関する私の長年の思索と、『論語』と「礼」にまつわる自分自身の体験から得られた、あまりにも大胆であまりにも異端すぎる一つの結論である。

だが、そんなことが言える根拠は、いったいどこにあるのか。中国の思想史においては、『論語』と儒教との実際の関係がどう論じられているのか。そして、われわれにとっての『論語』の価値は、いったいどこにあるのか。

本書では、こういった問題を一つ一つ論じていきたい。

読者の皆様が、本書の論述に根気よく付き合ってくださるなら、おそらく「『論語』は、儒教ではない。『論語』はただの『論語』だ」という筆者の一見、頓珍漢（とんちんかん）に聞こえる結論にうなずき、大いに納得していただけることと思う。

そして、皆様がよりいっそう『論語』という書物を愛し、『論語』のよりいっそうの理解者となって、『論語』の言葉をよりいっそう、ご自分の人生と社会生活に生かしていただけるようになるものと信じている。

それこそ、本書が達成しようとしている最大の目標である。

第一章

定説や通念を覆す

――孔子とは何者か、『論語』とは何か

定説を疑うことから始めよう

本章ではまず、孔子と『論語』について語る。

序章において強調したように、本書の中心テーマの一つは、『論語』と儒教との大いなる違いを明らかにすることである。そのためには当然、『論語』とは何かを語らなければならない。そして、言行録である『論語』の主人公は孔子という人物だから、『論語』を語るにはまず、「孔子とは何者か」ということから始めるべきであろう。

日本語で出版されている多くの辞書や専門書を開いてみれば、孔子は一様に「中国古代の思想家」、あるいは単に「思想家」と紹介されている。「思想家」と並んで、孔子を「哲学者」と記す事典もある。日本で読まれる夥しい数の「中国思想史」に関する一般向けの教養書においても、孔子はやはり「思想家」あるいは「哲学者」として登場する。

一方、儒教発祥の地である中国でも、今になって孔子は「偉大なる思想家・哲学者」だと高く評価されている。中国国内で出版された「中国思想史」や「中国哲学史」に関する本で、孔子が重要人物として登場してこないものはほとんどない。「わが国を代表する思想家、哲学者」といえば、大半の中国知識人が最初に思い浮かべるのはやはり孔子であろう。

とにかく日本においても中国においても、「孔子が思想家であり、哲学者である」というのは一種の定説であり、知識界や読書界の通念ともなっているのである。

だが、孔子は本当の意味で、思想家や哲学者だといえるのだろうか？

「哲学」とはそもそも「疑い」から始まるものである。「哲学の徒」を自任する筆者としては、孔子を語るにあたって、やはり一般の定説や通念を疑ってみることから、自論を展開していきたい。

「孔子は果たして思想家なのか、哲学者なのか」。この疑問に答えていくためには当然、「思想とは何か、哲学とは何か」、そして「思想家とは何か、哲学者とは何か」から考えるべきであろう。

「思想」とは何かについて、たとえば三省堂の『大辞林（第三版）』はこう解説している。

①人がもつ、生きる世界や生き方についての、まとまりのある見解。多く、社会的・政治的な性格をもつものをいう。
②《哲》〔**thought**〕単なる直観の内容に論理的な反省を施して得られた、まとまった体系的な思考内容。
③考えること。考えつくこと。

つまり『大辞林』の解説によれば、①②③のいずれもが「思想」といえるものである。「思想」といっても、実はいろいろなレベルがあるわけである。しかし「思想家とは何か」という話をする場合には、「思想」の基準を、より厳しくしなければならないだろう。たとえば③の「考えること。考えつくこと」となると、それは「思想家」というときの「思想」ではない。「考えること」あるいは何かについて「考えつくこと」は誰でもできることであって、それだけで彼を「思想家」と呼ぶことはできないからである。

思想家であることの必要かつ十分条件は結局、①と②がいうところの「思想」のいずれかを持つことであろう。つまり、一つは「生きる世界や生き方についての、まとまりのある見解」であり、もう一つは「単なる直観の内容に論理的な反省を施して得られた、まとまった体系的な思考内容」である。

そして、この①と②が共通して強調している点が一つある。一般人の「考えること」と異なって、思想家の持つ「思想」とは、「まとまりのある見解」であり、「体系的な思考内容」だということである。

人生について、社会について、政治について、普通の人間でも自分なりに考えることがあって、自分なりの考えを持っている。しかし「思想家」ではない一般人の場合、さまざまな問題や事象についての考えが普通バラバラであって、一つのまとまりになっていない。ましてや「体系的な思考内容」となると、普通の人々とは無縁の世界であろう。

逆に言えば、「思想家」と称される人々が一般人と違うのは、彼らの持つ思想が概して「まとまりのある見解」、あるいは「体系的な思考内容」となっている、という点である。「思想家」というのは「思想のプロ」であるから、一般人と違うのは当たり前のことである。

そして、大事な話はここからである。今、述べてきたような視点から孔子と『論語』を見てみると、孔子を「思想家」というべきかどうか、あるいは『論語』を「思想の書」と称すべきかどうかは、かなり疑わしくなってくるのである。というのも、孔子の「思想」が確実に記述されている唯一の書物である『論語』は、まさに「まとまりのなさ」と「体系的思考内容」の欠如をその最大の特徴としているからである。

体裁も内容も、本当の「思想家」のものではない

『論語』とは、もともと孔子の死後、彼の身近にいた門人たちが、師が生前に発した言葉、自分たちと師との対話、あるいは孔子生前のエピソードなどを一つ一つ拾ってきてまとめた孔子の言行録である。そこに記述されている孔子の発言や対話は概して短い文章であって、それがいつ、どこで発せられた言葉なのか、あるいはいつ、どこで行われた対話なのかは不明であることが多い。

そして、拾われてきた孔子の言葉や孔子と弟子との対話の一つ一つは、内容的に整理されることもなく、『論語』という書物に無造作に羅列されているだけである。

その結果、『論語』に掲載されている孔子の言葉や門人との対話の短文は、一つ一

つを見れば面白さがあり深い意味合いもあるが、それらの短文一つ一つは、前後の短文と意味的なつながりがないのが特徴である。

『論語』の全体は「学而篇」や「陽貨篇」など二〇篇に分かれているが、各篇は何らかのテーマや主題でまとめられているわけでもなければ、篇全体が一つの文章になっているわけでもない。各篇にしても、『論語』全体にしても、一貫したストーリーはまったく持たないのである。

日本では、中学校から国語の時間で漢文の授業があり、『論語』の言葉のいくつかを学んでいるので、ほとんどの方が、このような『論語』の文章の特徴をよく知っておられることと思う。つまり『論語』とは、内容的にはバラバラな、孔子が発した数多くの短文を一冊にまとめたものであり、いわば「格言集」なのである。

日本の中国哲学史研究の大家であり、『論語』の研究でも有名な金谷治氏は、自著の『孔子』において、次のように指摘している。

「要するに、『論語』の体裁は、ふつうの書物のかたちとは違って、一見とりとめのないまとまりの悪いかたちを呈している」（金谷治著『孔子』講談社学術文庫）

実態はまさしくそのとおりであろう。『論語』の特徴ともいうべきこのような「まとまりの悪いかたち」からしても、その主人公の孔子が果たして一思想家として「まとまりのある見解」、あるいは「体系的思考内容」を持っていたかどうか、かなり疑わしくなってくる。

キーコンセプトである「仁」の解釈もバラバラ

さらにいえば、実は体裁だけでなく、『論語』の内容を吟味していくと、「孔子は思想家とは呼べないのではないか」という疑いはさらに深まっていくのである。

たとえば、『論語』によく出てくるキーワードの一つである「仁」について見てみよう。孔子自身がこの「仁」という言葉をどのように使い、そしてどのように解釈しているかを見れば、いわば「孔子思想」の正体がよくわかってくるはずである。

「仁」という言葉は『論語』には一〇〇回近くも登場する。「仁」はいわば「孔子思想」の中心的なコンセプトの一つである。後世にはそれが儒教思想の中心テーマの一つにもなっている。

しかし、この大事な「仁」とはいったい何かについて、孔子は『論語』においてそれを厳密に定義したことは一度もない。彼はただ、さまざまな場面において、さまざまな意味で、適当にこの言葉を使い、その意味を解釈しているのである。

たとえば『論語・顔淵第十二』には、次の言葉がある。

「司馬牛、仁を問う。子の曰わく、仁者は其の言や訒」

『論語』研究の大家である前述の金谷治氏は、これを次のように現代日本語訳している。

「司馬牛が仁のことをおたずねした。先生はいわれた、『仁の人はそのことばがひかえめだ。』」（金谷治訳注『論語』岩波文庫）

「孔子は凄い思想家だ」「『論語』は凄い書物だ」と教えられた人は、この短文を読んで肩透かしを食らうかもしれない。「何だ、言葉が控え目だったら仁の人なのか。

『仁』とはそんな簡単なことなのか」と首をかしげるかもしれない。「仁とは何か」という深い問いに対して、孔子のこの答えはあまりにも平易であって、およそ「深遠なる思想」とはほど遠い。

そして別のところでは孔子はまた、まったく別の次元、別の意味において「仁」を語っている。同じ『論語・顔淵第十二』には、次のような一文がある。

「顔淵、仁を問う。子の曰（のたま）わく、己れを克（せ）めて礼に復（かえ）るを仁と為（な）す」

金谷氏の現代日本語訳は次のとおり。

「顔淵が仁のことをおたずねした。先生はいわれた、『〔内に〕わが身をつつしんで〔外は〕礼〔の規範〕にたちもどるのが仁ということだ。』」（金谷治訳注、前掲書）

孔子はここでは、『論語』によく出てくるもう一つの重要概念である「礼」と結びつけて、「仁」とは何かを語っている。つまり外向きには、「礼」に立ち返ることがすなわち「仁」だというのである。ここでの「仁」が、前述の「言葉がひかえめだ」と比べればより高次元の概念であることは明らかである。

しかし場所を変えれば、孔子の語る「仁」はまたもや違ってくるのである。『論語・雍也第六』には、こうある。

「(樊遅が)仁を問う。(子)曰わく、仁者は難きを先きにして獲るを後にす、仁と謂うべし」

ここでは、樊遅という人が孔子に「知とは何か」を問うたのに続いて、「仁とは何か」をおたずねした。金谷治氏の現代日本語訳に従えば、孔子はこう答えたという。

「仁の人は難しい事を先きにして利益は後のことにする、それが仁といえることだ」(金谷治訳注、前掲書)

「仁」に対する孔子のこの解釈が、前述の「礼に立ち返ること」と何の意味的な関連性もないことは明らかであろう。同じことを問うても、問う人によって孔子の答えはまったく異なってくる。

これは、『論語』という書物に一貫した話法である。

もう一つ、孔子が「仁」についてもっとも詳しく語った一例を見てみよう。『論語・顔淵第十二』には、次のような文がある。

「仲弓、仁を問う。子の曰わく、門を出でては大賓を見るが如くし、民を使うには大祭に承えまつるが如くす。己れの欲せざる所は人に施すこと勿かれ。邦に在りても怨み無く、家に在りても怨み無し」

金谷氏はこの一文を下記のように現代日本語に訳している。

「仲弓が仁のことをおたずねした。先生はいわれた、『家の外で〔人にあうときに〕は大切な客にあうかのようにし、人民を使うときには大切な祭にお仕えするかのようにし〔て身を慎しみ〕、自分の望まないことは人にしむけないようにし〔て人を思

いやり」、国にいても怨まれることがなく、家にいても怨まれることがない。』」（金谷治訳注、前掲書）

これまで紹介した「仁」の解釈と比べれば、孔子はここでは饒舌（じょうぜつ）といえるほど、「仁」とは何かについていろいろと語っている。家の外で人と会ったときの作法から、人民を使うときの政治的心得まで、さまざまな場面を想定して、「仁の人」はどう振る舞うべきかを弟子に教えているのである。しかしその中の、たとえば家の外で人と会ったときの作法としての「仁」と、人民を使うときの政治的心得としての「仁」とは、いったい何の関係があるというのか。

同じ人を相手に「仁とは何か」を語るときでも、孔子は、意味的に何の関連性もないこの二つの異次元の事柄を平気で並べて無造作に述べているのである。このような語り方は、あたかも「ラーメン一丁！」の注文を受けたラーメン屋さんが、ラーメンも蕎麦（そば）もうどんも同じ丼に盛って、「はい、ご注文のラーメンです」と差し出すようなものである。

孔子は「身近にいる人生経験の豊富なご老人」のような存在

それよりもさらに重要なのは、ここに紹介した四つの「仁問答」において、「仁とは何か」についての孔子の語りはひどく雑乱（ざつらん）していて、まったく整理されていないことである。「仁とは言葉を控えることだ」と言ったかと思えば、別のところでは「仁とは難しいことを先にやって利益は後に取ること」となり、さらに別のところではそれが「礼に立ち返ること」になっているのである。これでは、孔子の解釈を聞けば聞くほど、「仁とは何か」を問う人は頭が混乱してしまい、「仁とは何か」がますますわからなくなるのではないか。

少なくとも愚鈍な私ごときものの場合、『論語』を何十回読んでいても、「仁とは何か」のポイントも全体像も依然としてわからずして迷走している最中である。

しかし「迷走」の責任は、私たち『論語』の読者のほうにあるのではない。『論語』の主人公として「仁」を語る孔子のほうにあると思う。孔子はただ、その場その場の思いつきで「仁とは何か」について自分の考えや洞察、感想を語っているだけで、おそらく彼自身の頭の中でも、「仁とは何か」についてきちんと交通整理されていいないに違いない。

「仁」についての孔子の考えや感想や洞察はただ、無整理のまま彼の頭の中で雑然と存在しているのであろう。

しかしそれでは、孔子を「思想のプロ」としての「思想家」と呼ぶことはできない。「仁」についての彼の考えや洞察には光るものが多くあるものの、自らの考えや感想、洞察が「体系的思考内容」として整理されていない点においては、孔子はわれわれ普通の人間と何の変わりもない。まさにそういう意味において、孔子は決して一般的意味での「思想家」であるとはいえない。強いていえば彼は、人生や社会の諸問題について、さまざまな独自の洞察や見解、考えを持つ思慮の深い人間の一人である。

もちろん、『論語』を一度読めばわかるように、孔子の持つさまざまな考えや見解、あるいは彼が人生や社会について行った洞察には素晴らしいものがあって意味の深いものも多くある。それがあるからこそ、孔子はまさに孔子として歴史に残っているのであろう。

しかしその一方、彼自身は「思想家＝思想のプロ」らしく自らの考えや見解をきちんとまとめて体系的内容に仕上げていないことは事実である。

そして後述するように、孔子の考えや見解には「深遠な思想」というよりも一般社会の常識論であるものが多く、われわれにとっての孔子は、高いところに立つ「偉大なる思想家」であるというよりも、「身近にいる人生経験の豊富なご老人」のような存在である。

そういう意味では、「孔子は思想家ではない」というのは、決して孔子に対する否定でもなければ貶(おとし)めでもない。それはむしろ『論語』にちりばめられている孔子の珠玉の言葉を有益に受け止めていくための正しい認識であり、孔子と『論語』に対する正しい捉え方なのである。

本物の「哲学者」ともいえない

以上、孔子は本当の意味での「思想家」とはいえないということをいろいろと検証してきた。そして前述のように、「思想家」と並んで、孔子が後世の人々に持たされたもう一つの肩書は「哲学者」である。それでは孔子は果たして、「哲学者」あるいは「哲人」といえるのだろうか。

「哲学」といえば「思想」に近い概念であるから、「思想家」も「哲学者」もそんなに変わらないのではないかと思われがちだが、もちろん両者は同じ意味合いではない。「思想」「思想家」とは何かについては先に述べたとおりである。ここでは「哲学」とは何かを見てみよう。『デジタル大辞泉』(小学館)は、「哲学」という項目についてこう解説している。

①世界・人生などの根本原理を追求する学問。

②各人の経験に基づく人生観や世界観。また、物事を統一的に把握する理念。

つまり、われわれが普段使う「哲学」という言葉には次元の異なる二つの意味があって、一つは「根本原理を追求する学問」であり、もう一つは「各人の人生観や世界観」を指している。

その際、「哲学者」と関連する「哲学」は当然、①の「根本原理を追求する学問」である。②の「各人の経験に基づく人生観や世界観」となると、それは人間であれば誰でも持つところの「哲学」であるから、「哲学者」が持つところの哲学ではない。

哲学者であれば、その持つところの「哲学」とは当然、「世界・人生などの根本原理を追求する学問」である。言い換えれば、世界と人生についての根本原理を学問として追求する人間がすなわち哲学者、ということである。

そして、このような視点から「哲学者」を捉えるなら、『論語』の主人公である孔子は、やはり「哲学者」であるとはいえない。なぜなら、孔子は平素から人生や世界の「根本原理」にはいっさい興味がなく、それを追求しようとは全然思っていないからである。

たとえば前述したように、孔子はさまざまな場面でいろいろな人に対して「仁」を語り、「仁とは何か」を解説しているが、「仁の根本原理とは何か」、あるいは「根本原理としての仁とは何か」について一言も語らないし、それを追求してみた痕跡もない。孔子はただ、その場その場の具体的な事案としての「仁」を語り、それで満足しているのである。

この一点を見てもわかるように、孔子という人には、物事の背後にある根本原理を掘り下げて追求するという、それこそ哲学者的な好奇心や探究精神が、決定的に欠如しているのである。

実は「仁」だけでなく、「孝」「忠」「義」など、『論語』の大事なキーワードとなっている諸テーマに対し、孔子はまったく同じ態度をとっている。孔子はさまざまな場面で「孝」「忠」「義」についていろいろと語っているが、「孝」という徳目の根本はいったい何か、「忠」や「義」の基本原理はいったい何かをいっさい語らない。

大切な「天とは何か」も語らない

その中でも、「根本原理」に対する孔子の無関心をもっとも端的に物語っているのは、やはり「天」というものに対する彼の態度である。

孔子の時代よりも遥か以前に誕生した「天」の観念は、中国古来の思想と信仰を支える重要な柱である。「天」というのは森羅万象の支配者であり、人間の運命の支配者である。そして、孔子以前の人々にとっても、同時代の人々にとっても、世界の無言の支配者である「天」は畏怖すべき存在であり、恭しく拝むべき信仰の対象なのである。

実は孔子自身も、同時代の多くの人々と同じように、「天」のことを強く意識して、「天」という絶対的な存在に対する畏敬の念と強い信仰心を抱いている。それは、『論語』の中で孔子が「天」について語るいくつかの場面を見ればすぐにわかることである。

たとえば『論語・述而第七』には、次のような場面がある。孔子が弟子たちを率いて各国を放浪して宋の国に入ったときのことである。孔子が一本の大きな木の下で弟子たちに礼法の練習をさせていたところ、宋の司馬（軍務大臣）である桓魋が孔子を殺そうとして、その樹を根こそぎにしたという。

身の危険を感じた弟子たちが「急いで去りましょう！」と叫んだところ、孔子だけは平然とした態度で次のような言葉を発した。

「天、徳を予れに生せり。桓魋其れ予れを如何」

金谷治氏の現代日本語訳は次のとおりである。

「天がわが身に徳をさずけられた。桓魋ごときがわが身をどうしようぞ」（金谷治訳注、前掲書）

この一言からは、「天」に対する孔子の信仰の深さと、彼が「天」に対して全幅の信頼を置いていることがよくわかる。

孔子からすれば、自分が天に徳を授けられた特別な人間であるので、天は当然、自分のことを格別に加護しているはずである。ならば、たとえ一国の軍務大臣の桓魋であってもこの自分に対してはどうすることもできないと、孔子自身が固く信じているのである。そう信じているからこそ、危険が迫ってきている中でも動揺の一つもしなかったのであろう。

そういうときの「天」は明らかに、孔子にとって、絶対的な力を持つ信頼すべき存在であり、わが身とわが心の最後のよりどころなのである。

あるいは、『論語・子罕（しかん）第九』にも同じような話が出ている。孔子が弟子と共に衛の国の匡（きょう）という地にいたとき、わけあって匡の軍勢に包囲されて絶体絶命の状況に置かれたことがある。そのときも、孔子は平然とした顔で次のようなセリフを吐いた。

「文王既に没したれども、文茲に在らずや。天の将に斯の文を喪ぼさんとするや、後死の者、斯の文に与かることを得ざるなり。天の未だ斯の文を喪ぼさざるや、匡人其れ予れを如何」

金谷治氏の現代日本語訳では、このセリフはこうなる。

「文王はもはやなくなられたが、その文化はここに（このわが身に）伝わっているぞ。天がこの文化を滅ぼそうとするなら、後代のわが身はこの文化にたずさわれないはずだ。天がこの文化を滅ぼさないからには、匡の連中ごとき、わが身をどうしようぞ」（金谷治訳注、前掲書）

ここの「文王」とは、周王朝と周の文化の創始者とされる文王のことである。孔子からすれば、文王によって創出されたところの周の文化こそはもっとも素晴らしい文化であり、自分こそがこの素晴らしい文化の継承者・伝達者なのである。

そこで孔子は、軍勢に包囲されて命を落としかねない状況の中で、またもや「天」

を持ち出して次のような論理を展開して、堂々と毅然とした態度を保っているのである。

すなわち、「もし天が周の素晴らしい文化を滅ぼそうとするなら、最初からこの私に周の文化を継承させることはしない。しかし天が周の文化を滅ぼすことなく、この私に継承させている以上、匡の連中はこの私にどうすることができようか」と。

ここで孔子は、自らを周の素晴らしい文化の継承者だと自負しているが、こうした自負を背後から支えるものはやはり「天」であり、「天」に対する孔子の強い信仰心あるいは信頼感である。自分自身を周の文化の継承者たらしめて、この素晴らしい文化を後世に受け継がせようとするのが天の意志であるなら、こうした「天命」を受けたこの自分がどうして、匡の「野人」たちに殺されるようなことがあるのかと孔子は思い、迫ってきた災難に対しても平然としているのであろう。

こうしてみると、「天」は、孔子にとってはまさに精神と思想の最後のよりどころであり、この上なく大事な存在であり、畏怖すべき信仰の対象でもあろう。

これに関して、孔子研究の大家である金谷治氏は、その著『孔子』でこう指摘している。

「天は、孔子にとって理性的な判断をこえた窮極の存在である。孔子はそれに対して、ただ厳粛に敬虔に、そしてあるばあいには自己否定的に、個人的内面的なかかわりを持ったのである。孔子の天に対する態度は、確かに熱い宗教的な情操にささえられていたとしてよいであろう」（金谷治著、前掲書）

金谷氏のこの指摘からも、「天」が孔子にとってどれほど重要な存在であるかが理解できるだろう。しかし『論語』全体を読めばわかるように、孔子は「天」を信頼して自らの内面的な信仰の対象としている一方、「天とは何か」についてはいっさい語っていないのである。

実際、『論語』においては、孔子と弟子との間で「天」についての問答がなされたことは一度もない。あるいは『論語・公冶長（こうやちょう）第五』において、弟子の子貢はこう証言したことがある。

「夫子の性と天道とを言うは、得て聞くべからざるなり」

子貢のこの証言を、金谷治氏は現代日本語にこう訳している。

「先生が人の性と天の道理についておっしゃることは、〔奥深いことだけに、ふつうには〕とても聞くことができない」（金谷治訳注、前掲書）

ここでは金谷氏は、〔奥深いことだけに、ふつうには〕という自分の解釈をつけて孔子の言葉を訳しているが、この訳からすれば、子貢の証言の意味は、「孔子は人の性と天の道理をあまり語らないから聞くことができない」のか、それとも「孔子の語る人の性と天の道理は奥深いから、それをふつうに聞くことができない」のか、かなり曖昧になっている。

しかし、同じ金谷氏の著した『孔子』という書物では、彼はこの「子貢証言」について、「やはり文字どおり、（引用者注：孔子が）天についての特別な話は誰にもしなかったということであろう」（金谷治著、前掲書）と、明確に指摘しているのである。

もう一人の儒教研究の大家である加地伸行氏は、この「子貢証言」を次のような現代日本語に訳している。

「（引用者注：先生からは）〔人や物の〕本質・実体（性）とか普遍的なるもの（天道）〔といった哲学的議論〕は学ぶことができなかった」（加地伸行全訳注『論語〈増補版〉』講談社学術文庫）

「子貢証言」の金谷・加地両氏の翻訳と解釈を合わせてみると、孔子が「天道」をあまり語らないことは明らかであろう。自分自身にとってもっとも大事な存在である「天」への深入りを避けて通るのは、むしろ孔子の一貫した態度である。

「普遍的なものに対する哲学的議論」の欠如

「天」に対する孔子のこのような取り扱いを見れば、孔子はやはり本物の哲学者であるとはいえないであろう。哲学者であれば、自分自身の思想と精神のよりどころとなるような重要存在に対して、あるいはこの世界を支配するような根本的原理に対しては、当然のごとく知的好奇心や探究心を持ち、さまざまな角度から掘り下げてその本質や実体、そしてその基本原理を極めていこうとするはずである。

しかし孔子は、自らの思想と精神のよりどころにしていて世界の支配原理だと思っている「天」に対して、その本質や実体を掘り下げて探求しようとするどころか、それを語ることとすらめったにない。

孔子はただ、「天」というものを畏怖すべき存在、敬虔(けいけん)な信仰の対象としているが、それに対する知的探求はいっさいしないし、彼の知的営みは、「天」という絶対的な存在の一歩手前で完全に止まっているのである。「天」に対する孔子のこのような態度は、決して哲学者としての態度ではない。はっきりいってそれは、生活の中での一般人の「お天道さま」に対する態度と何の変わりもないのである。

これに関し、先に紹介した加地伸行氏の「子貢証言」の訳注は実に面白い。すなわち、先生からは「〔人や物の〕本質・実体(性)とか普遍的なるもの(天道)〔といった哲学的議論〕は学ぶことができなかった」という証言である。加地伸行氏はここで〔 〕や〔 〕をつけて原文に対する自らの解釈を展開しているが、要するに儒教研究の大家である加地先生からすれば、孔子の展開する議論や孔子の教えに欠如しているのは、まさに「普遍的なものに対する哲学的議論」なのである。

「哲学的議論」をしない人は当然、「哲学者」であると見做(みな)すことはできない。どう考えても孔子という人は哲学者ではない、ということである。

実際の孔子は「聖人」であったか？

以上、孔子が本当の意味での思想家でもなければ哲学者でもないことをいろいろと論じてきた。

実は「思想家」「哲学者」などの肩書きは、近代になって西洋的学問体系が伝わってきてから、人々が孔子に奉(たてまつ)ったものである。近代以前、儒教の国である中国や朝鮮では、あるいは儒教の影響が大きかった日本では、孔子のことを「思想家」や「哲学者」と呼ぶ人は一人もいなかった。

孔子に対する共通の称号は、「聖人」である。

儒教の本場・中国では、孔子は宋の時代に「至聖文宣王(しせいぶんせんおう)」との称号を皇帝から与えられている。明王朝ではそれが「至聖先師」と改称され、清王朝の時代に「大成至聖先師」として定着した。そのいずれも「至聖」という肩書きがメインであって、要するに孔子は単なる聖人ではなく、聖人の道を極めた聖人の中の聖人、という意味合いである。

もちろん、歴代王朝からこのような称号や肩書きを贈られただけでなく、中国を中心とした儒教の世界においては今でも、孔子は普通、「聖人」と見做されている。「孔子＝聖人」は常識の中の常識であり、疑うことのできない通念でもある。そして、この「聖人」としての孔子は、儒教における崇拝の対象ともなっているのである。

ならば聖人とは何か、「至聖」とは何か、孔子という人は、果たして後世の人々が崇拝するような「聖人」であるかどうか。それをここで一度考えてみよう。

「聖人」とは何かといえば、それは普通、「人格が円熟して徳が高く、ほぼ完璧な人間である」とのイメージである。『大辞林（第三版）』は「聖人」について、「人格・徳行にすぐれ、理想的な人物として尊崇される人」と解釈している。

「聖人」がそのような人間なのだとすると、「至聖」ともいわれる「聖人の中の聖人」の孔子はなおさら、「人格と徳行がもっとも高く、もっとも完璧にして理想的な人間」であると、多くの人々が思うのであろう。

しかし、実際の孔子は、果たしてこのような理想的で完璧な人間だったのであろうか。『論語』に記載されている孔子の言動と、そこに現れている孔子の等身大の人間像を掘り下げて吟味すれば、必ずしもそうではないことがよくわかってくる。
たとえば『論語・陽貨第十七』には、孔子に関する次のようなエピソードがある。

「孺悲、孔子に見えんと欲す。孔子、辞するに疾を以てす。命を将なう者、戸を出づ。瑟を取りて歌い、之（孺悲）をして之（歌）を聞かしむ」（加地伸行全訳注、前掲書）

加地伸行氏の現代日本語訳では、それはこういうことである。

「孺悲が孔先生に面会に来た。先生は病気だとしてそれをお断りになった。取り次ぎの者が退出し〔孺悲に伝えに行っ〕た。先生は瑟を弾じてお歌いになり、〔病気ではないことを〕孺悲に聞こえるようにされた」（加地伸行全訳注、前掲書）

この話は、孺悲という人が孔子に面会を求めたことから始まる。孺悲はどうやら魯の国の官僚であるが、なぜ孔子が面会しなかったのかはよくわからない。加地伸行氏もこの件に関する訳注で、「その理由に定説はない」と述べている。

しかし理由がどうであれ、この訪問者に対する孔子の態度は、われわれの常識からすれば、やはりおかしくていただけないものである。

孔子は、この人に会いたくない。そのためにまず、仮病を使って面会を断った。仮病を使って人の面会を断るのは、果たして「聖人君子」のやり方といえるのか。会いたくないなら、「会いたくない」と堂々と断ればいいのではないか。

そして、いったん面会を断った後の孔子の行動は、さらにおかしくて不思議なものとなった。この老先生はわざと、孺悲に聞こえるようにして瑟を弾じて歌を歌い、「病気というのは嘘だよ、貴方に会いたくないんだよ」と知らせたのである。

われわれ普通の人間の感覚からすれば、孔子のこのようなやり方は、けっこう意地悪なものである。仮病を使って人の面会を断るのは不誠実といえば不誠実だが、断った後でさらに「これは嘘だよ」と相手に知らせてからかうとは、ちょっとふざけすぎなのではなかろうか。

孔子は普段、弟子などに対して、人への思いやりや相手の気持ちに対する配慮を諄々（じゅんじゅん）と語っているが、そのときの彼には、孺悲に対する思いやりがあるとは思えないし、相手の気持ちに対する配慮は微塵（みじん）もない。それどころか、孔子の言動は相手の気持ちを弄んでいるようにすら見える。面会を断られて落胆して帰ろうとする相手に、わざと瑟を弾じて歌って聞かせるとは、度のすぎた嫌味でもある。

こうしてみると、少なくともこのエピソードにおいては、われわれの前に現れた孔子は崇拝すべきところの聖人でもなければ、推奨すべきところの君子でもない。「人格の円熟さ」も「徳行の高さ」もいっさい感じさせない。そのときの彼は単に、一人の意地悪オヤジにすぎなかったのである。

必ずしも「理想の教師」だともいえない

『論語・公冶長第五』には、次のような話がある。

「宰予、昼寝ぬ。子の曰わく、朽木は雕るべからず、糞土の牆は杇るべからず。予に於いてか何ぞ誅めん。子の曰わく、始め吾れ人に於けるや、其の言を聴きて其の行を信ず。今吾れ人に於けるや、其の言を聴きて其の行を観る。予に於いてか是れを改む」

金谷治氏はこの話を現代日本語に下記のように訳している。

「宰予が〔怠けて〕昼寝をした。先生はいわれた、『くさった木には彫刻できない。ごみ土のかきねには上塗りできない。予に対しては何を叱ろうぞ。〔叱ってもしかたがない。〕』先生は〔また〕いわれた、『前にはわたしは人に対するのに、ことばを聞いてそれで行ないまで信用した。今はわたしは人に対するのに、ことばを聞いてさらに行ないまで観察する。予のことで改めたのだ。』」（金谷治訳注、前掲書）

このエピソードは、簡単といえば実に簡単な話だ。要するに、弟子の一人である宰予が勉学をさぼって昼寝したから、師の孔子は彼のことを怒ったのだ。先生が怠ける弟子を怒るのは当たり前のことではあるが、問題は、そのときの孔子の怒り方が尋常ではないことだ。

孔子はそこで、「朽木＝くさった木」「糞土＝ごみ土」のような決して上品とはいえない言葉を持ち出して、「腐った木は彫刻できないように、ごみ土の垣根は上塗りもできないように、お前はどうしようもないのだ」と宰予のことを怒っている。それはどう考えても、生徒の自尊心をひどく傷つけ、その全人格を否定してしまうような乱暴な怒り方ではないのだろうか。

宰予が何らかの破廉恥なことをしていたら話は別だが、勉強をさぼって昼寝しただけのことだ。これだけのことで、孔子はすごく怒って宰予のことを「朽木」や「糞土」にまでたとえて、「お前はダメだ、お前はどうにもならない」と叱っているが、誰から見てもそれは先生の生徒に対する適切な接し方ではないし、賞賛すべきところの正しい教育法でもない。孔子はここで、弟子を「教育」しているというよりも、単にカンシャクを爆発させて罵声を浴びせただけである。

そしてその場合、孔子の発した「朽木」や「糞土」のような言葉と、宰予の全人格を否定するような言い方は、弟子の自尊心と向上心を打ち砕いて彼の人生を本当に駄目にしてしまう危険性さえあった。このケースにおける孔子の言動はどんな基準からしても、まさに「悪い教師」と「悪い教育法」の典型のようなもので、とても「聖人」の所為(しょい)とはいえない。

もちろん孔子は、弟子に対していつでもこのような理不尽な態度をとっているわけではない。さもなければ、「弟子三〇〇〇人」といわれる孔子中心の教団が成り立つわけはない。普段の孔子はむしろ穏やかな良い先生として、多くの弟子たちに慕われているのである。

しかし、宰予の一件では孔子はやはり、良き先生としての節度や平常心を一瞬に失い、カンシャクを起こして弟子のことを乱暴にも傷つけた。そしてそのことはまた、孔子は決して完璧な人間ではないことを示した。彼の人格は必ずしも、いつでも自分の感情を適切にコントロールできるほどの円熟の境地には達してない、ということである。

弟子に嫉妬し、カンシャクを起こす師匠

孔子と弟子の話といえば、『論語・子路第十三』には次のようなエピソードがある。

「冉子(ぜんし)、朝(ちょう)より退く。子の曰(のたま)わく、何ぞ晏(おそ)きや。対(こた)えて曰(い)わく、政(せい)あり。子の曰(のたま)わく、其れ事ならん。如(も)し政あらば、吾れを以(もち)いずと雖ども、吾れ其れこれを与(あずか)り聞かん」

これに関する金谷治氏の現代日本語訳はこうである。

「冉子が朝廷から退出してきた。先生が『どうして遅かったのだ。』といわれると、『政務がありました。』と答えた。先生はいわれた、『まあ事務だろう。もし政務があるなら、わたしは役についていないとはいえ、わたしもきっと相談にはあずかっているはずだ。』」（金谷治訳注、前掲書）

以上は、朝廷から退庁して帰ってきた弟子の冉子と、孔子との対話である。冉子の帰りが遅かったから、「どうして遅かったのか」と、孔子は何気なく聞いた。そして冉子も何気なく、「政務があったからです」と答えた。ここまでは、先生と弟子との穏やかな日常対話であるが、その次に孔子の吐いた言葉は、実に意外にして嫌なものであった。

「お前なんかがやっているのは政務ではない。せいぜい事務ではないのか。本当の政務なら、朝廷がまずこのわしに相談しにくるはずだ」と。

本来なら、朝廷で遅くまで仕事をして帰ってきた弟子を、孔子は師として「ご苦労様」の一言で慰労するか、「仕事をよく頑張ったな」と激励すべきところであった。しかし孔子はそうはしない。冉子がその日に朝廷で遂行した仕事の内容を聞きもしないで、「お前がやっているのは政務ではない、ただの事務だ」と、弟子の仕事の重要性を頭から否定してわざとそれを貶めたのだ。このエピソードだけ読んでいたら、誰もが孔子はなんと意地が悪くて了見の狭い先生なのかと思ったのではないか。

しかし、孔子はここではいったいどうして、「政務があった」という弟子の一言に異様なほどの反応を示したのだろうか。それはおそらく、孔子のそれまでの経歴と、この会話が行われた当時の彼の不本意な立場とが大いに関係していたのではないか。

孔子は一時、出身国の魯の国の大司寇（だいしこう）（司法大臣）となって、それこそ国の「政務」に携わっていた。しかし後には、「三桓氏（さんかんし）」という政界の実力者たちとの権力闘争に敗れて外国へ亡命の旅に出た。各国周遊の中で孔子はずっと、どこかの国の君主が自分の政治理念に共鳴して採用してくれることを願っていたが、それも叶わずして晩年になって魯の国に帰り、弟子たちを教育して余生を送っていた。しかしその中でも孔子はやはり、魯の国の朝廷に復帰して何らかの大役を果たすことを密かに願っていた。

たとえば孔子はその晩年、弟子の子貢との間でこのような会話を交わしている（『論語・子罕第九』）。

「子貢がいった、『ここに美しい玉があるとします。箱に入れてしまいこんでおきましょうか、よい買い手をさがして売りましょうか。』先生はいわれた、『売ろうよ、売ろうよ。わたくしは買い手を待っているのだ。』」（金谷治訳注、前掲書）

金谷治氏の解釈によると、弟子の子貢はここで、「美しい玉」の喩えを出して、師の孔子に出仕する気持ちがあるかどうかをたずねたわけである。それに対して孔子は、「売ろうよ、売ろうよ」と連呼して、出仕したくてしようがない自らの気持ちをストレートに表したのである。ここからよくわかるように、当時の孔子は政治の世界への復帰を熱望していたのだ。

しかし、亡命中の孔子と魯の国に帰ってきた晩年の孔子が、政治権力に再び重用された痕跡はない。彼は結局、政治への未練を捨てきれずに、欲求不満のまま、晩年を過ごしていたのである。

まさにこのような不本意な個人的事情と、政治の世界に対する屈折した心理があったからこそ、孔子は弟子の冉子が発した「政務がありました」との一言に異様に反応してしまい、カンシャクを起こしたのであろう。「この大先生のわしは政治から排除されているのに、お前ごときが『政務があった』というのか」。それはまさに、そのときの孔子の本音だったのではないか。

孔子の冉子に対するこの異様な態度の背後にあったのは結局、政治の世界に復帰したくてもできないことに対する自らの怨念であり、自分を差し置いて「政務」に携わっている弟子に対する先生としての妬みであろう。そのときの孔子はどう考えても「聖人」なんかではなく、妬み深い一凡人であろう。

作られた「聖人像」を打破すべき

以上、『論語』に出てくる孔子に関するいくつかのエピソードを通して、実際の孔子はどういう人間であるかを見てきた。

結局、孔子という人間は時々、意地悪くて人の気持ちをわざと弄ぶこともあれば、カンシャクを起こして弟子の自尊心を平気で傷つけることもあった。あるいは、われわれ普通の人間と同じように、怨念や妬みなどのマイナスの感情を持つこともあった。

もちろんそれは孔子の全てではないし、これだけをもって「孔子は駄目な人間だ」と、この歴史上の偉人を貶めるつもりは筆者にはない。ここで言いたいことはただ一つ、要するに孔子は決して「完璧にして理想的な人間」ではないということだ。彼にもさまざまな人間的弱みがあって人格的な欠陥もあり、良くない感情も悪い癖も持っているのだ。もちろん彼は優れた人物であるが、同時に、ときにはわれわれ普通の人間とそんなに変わらない側面を見せることもある。つまり彼は決して、後世の人々が理想化したような「聖人」ではないのである。

よく考えてみれば、「孔子は決して聖人ではない」というのはむしろ当たり前の結論であろう。この世にはそもそも、完璧にして理想的な「聖人」なんかいるはずもない。どれほど素晴らしい人間であっても、それなりの欠陥や不自由さはあるはずである。

しかし、「孔子は聖人ではない」ということの当たり前のことを、ここで強調する意味が決してないわけでもない。儒教世界の長い歴史の中で、孔子は不当にも「至聖」

として理想化された結果、「孔子は聖人である」という潜在意識が、多くの人々の心の底にあまりにも深く根を下ろしているからである。そして多くの人々は、『論語』という書物をまさに「聖人の書」として恭しく「拝読」しているのだ。

しかし、孔子のことを聖人扱いして、『論語』のことを「聖人の書」あるいは「聖典」だと思うような態度は、決して一人の歴史上の人物に対する正しい見方でもなければ、一冊の書物に対する正しい接し方でもない。「孔子とは何者か」「『論語』とは何か」を知性的に理解していくために、われわれはまず、後世に作られた孔子の「聖人像」を打破しておくべきではないだろうか。

波瀾万丈の孔子の生涯

以上、孔子という人物は一般にいう思想家でもなければ哲学者でもなく、ましてや聖人でもないことを『論語』という書物に即して論じてきた。

それなら、中国史だけでなく世界史にも大きな足跡を残した孔子とは、いったいどういう人物であって、彼のいったいどこが優れているのだろうか。

それを考えるためにも、ここではまず、『日本大百科全書（ニッポニカ）』や、前掲の金谷治氏の名著『孔子』を参考にして、孔子の生い立ちや人生の遍歴を一度見ておこう。

孔子が生まれたのは紀元前五五二年、中国の春秋時代である。

春秋時代というのは、中国大陸を支配していた周王朝の王室の権威が衰え、諸侯国が互いに対立し抗争した時代である。孔子の出身国の魯はその諸侯国の一つであって、王室とは親戚関係にもあった。

この魯の国の中で、孔子は下級武士の叔梁紇（しゅくりょうこつ）と顔徴在（がんちょうざい）という女性との間に生まれた。金谷治氏の記述によると、孔子は実は、叔梁紇と顔徴在との不倫関係で生まれた私生児であるという。そして孔子は三歳のときに父親を亡くし、大変貧しい生活の中で、母親の手によって育てられた。

当時の社会環境の中では、不倫関係で生まれた私生児を女性が一人で育てていくのがどれほど大変なことか、想像に難くない。この母子家庭は世間からどれほど冷たくされ、生きていくためにどれほどの辛酸をなめなければならなかったのだろうか。

孔子はまさにこのような厳しい環境の中で物心がつき、幼少時代を送っていた。

子供のときから世間の冷たさや生活の厳しさを身を以て体験していたことは、おそらく孔子の人格形成に大きな影響を及ぼしたことであろう。思慮が深くて処世術に長けた孔子の人となりと、社会や人生に対する彼の深い洞察は、こうした幼少時代の体験とは無関係ではないはずだ。

長じてからの孔子は、生活のために倉庫番や牧場の飼育係などの仕事をした。後になって孔子は、「吾れ少くして賤し。故に鄙事に多能なり」（『論語・子罕第九』）と述懐したことがあるが、要するに、自分は若いときには身分が低かったため、倉庫番や牧場の飼育係などの「鄙事」、つまり、つまらない仕事をいろいろとやっていて、かつ「多能」であった、ということである。

その一方、孔子は若いときから学問に打ち込み、魯の国の宗主国である周の文化に傾倒して、周の文化の真髄となる礼や詩・楽の習得に励んだ。そうしているうちに、彼はいつの間にか、魯の国屈指の教養人・学問家となっていた。四十代あたりからは孔子の名声はますます高まり、彼のもとには次第に門人たちが集まってきて学団を形成していった。

孔子はやがて、魯の国の政治にも関わることとなる。五十二歳のとき、彼はまず中都の宰（代官）となって政治の世界に躍り出たのだが、五十三歳のとき、魯の国と大国の斉との平和会議が夾谷という地で開かれた際、外交儀礼に詳しい教養人の孔子は、魯の君主の補佐役として会議に出席して大いに活躍した。

五十四歳のとき、孔子はいよいよ魯の国の大司寇（司法大臣）に昇進して国家の重臣の一人となった。しかし翌年、孔子は政治の実権を握った家老の季孫氏・叔孫氏・孟孫氏の三桓氏との権力闘争に敗れて外国への亡命を余儀なくされた。それ以来十四年、孔子は弟子たちを率いて諸国を放浪した。

放浪の中でも孔子は、自分の理想の政治を実施してくれる君主を探し求めたが、どこへ行っても採用されず、ときには人違いで殺されかけたり、飢えたりもした。

そして六十九歳のとき、孔子はやっと魯の国に帰った。以後は弟子の教育に専念することとなる。孔子の教団は最盛期には「弟子三〇〇〇人」と言われる大所帯に成長した。そして紀元前四七九年、孔子は多くの弟子に囲まれた中で静かに息を引き取り、七十四年の生涯を閉じたのであった。

以上は孔子という人間の生涯であるが、彼の人生の遍歴は、今日よく使われる言葉でいえば、まさに波瀾万丈であり、そして多色多彩ともいえるだろう。

一人の人間が、幼少時代から体験した世間の冷たさや生活の貧しさ、そして身分の低さなどを克服して勉学に励み、高い教養を身につけてやがて一国の大臣となり、三〇〇〇人の門人たちが慕う大先生にもなった。孔子の人生はまさに自分自身の努力で逆境を乗り越えて大成功を収めたという伝説の出世物語である。

このような人生を送った孔子はやはり、われわれ常人とは違う志の高い人間であり、大変な努力家であり、そして人生の艱難を知り尽くした苦労人でもある。

あるいは、孔子の職業の遍歴から見れば、彼ほど多岐にわたる分野で活躍できた人間は古今東西においても珍しい。倉庫番や牧場の飼育係を務めていたかと思えば、いつの間にか君主の補佐役となって外交の舞台で活躍したり、国家の重臣となって政治の中枢で重責を担ったりしたのである。

そして晩年になって、政治の世界から離れると、今度は「弟子三〇〇〇人」を育てるという天下一の大教育者となった。彼と弟子たちとの会話が収録されている『論語』という書物はまた、時代と国境を越えて、今でも多くの人々に読まれているのである。

人生の艱難を知り尽くした苦労人だからこそ

以上のような波瀾万丈の人生体験があったからこそ、そして以上のような豊富多彩な職業経験があったからこそ、知性と感受性の高い孔子は、人生や社会に対して普通の人の及ばない深い洞察を得ることになった。

その中で孔子は、人にとっての賢明な生き方とは何か、人は、いったいどうやって穏やかにして幸福な人生を送ることができるのか、人は社会の中で生きていくためにどのようにして人間関係を作り、どのような身の処し方に留意しなければならないのか等々の、まさに「人間の問題」「人生の問題」を深く考えてさまざまな知恵を生み出した。

そして彼自身、率先してこのような人生の知恵に基づいて自らの人生を生き、さらに多くの弟子たちにそれを教えた。

そういう意味では、生前の孔子は、いわば人生の学問・人間学に通暁した稀有(けう)の知恵者であると同時に、自らも人生の達人として良い人生を送り、そして弟子たちの人生の指南役ともなった。

その一方、幼少時から多くの辛酸をなめ、実社会では倉庫番や飼育係から政府高官までを務め上げたという彼の人生体験が培(つちか)ったのは、社会や人生に対する極めて健全にして常識的な態度である。いかなる極端にも走らず、いかなる迷妄にもまどわされず、いかなる神秘も語らず、いつも普通の常識から物事を考えて物事に接するのは、孔子の一貫した人生の態度である。

孔子は、深遠なる理論を語る思想家や高邁な理念を掲げる理想家というよりも、現実の社会生活を穏便に送ることを常に心掛けている一常識人なのである。

私自身が抱くこのような「孔子像」は、当然、彼が主人公である『論語』という書物を何十回も精読して、孔子の発した数多くの言葉や孔子にまつわるさまざまなエピソードを吟味することから得られたものである。しかし、それは果たして正しい孔子像であるのか、『論語』に現れている等身大の孔子像は、いったいどういうものなのか。

以下において、筆者にとって特に印象の深い、いくつかの「孔子の言行」を『論語』から拾って、孔子の人間像を浮き彫りにしようと思う。

人生の達人の融通無碍の境地

知恵者でありながら常識人、そして人生の達人という孔子の人間像を端的に表している一文は『論語・子罕第九』にある。おそらく弟子の誰かが師の孔子を評して、「子、四を絶つ。意なく、必なく、固なく、我なし」と語ったのである。

金谷治氏はこれを現代日本語に次のように訳している。

「先生は四つのことを絶たれた。勝手な心を持たず、無理おしをせず、執着をせず、我を張らない」(金谷治訳注、前掲書)

筆者がこの一文を読む度に、わが身を振り返っていつも思うのは、自分はいまだに、この四つのどれ一つとして「絶つ」ことができていないのではないか、ということである。

一人の人間が、他人に対して、社会に対して、そして世の中の物事に対して、「勝手な心を持たず、無理おしをせず、執着をせず、我を張らない」のであれば、この人はどれほど賢明な知恵者であり、どれほど老練な人生の達人であろう。もし自分の身辺にこのような人物が現れたら、筆者は何の躊躇いもなく頭を下げて彼を師として仰ぐ以外にない。そして孔子はまさに、このような人間だったのである。

「意なく、必なく、固なく、我なし」という孔子の人生や物事への処し方は、「富貴（お金と地位）」に対する彼の態度にも表れている。実は孔子は『論語』の中でこのテーマについて五、六回、あるいはもっと語っており、「富貴」を凄く気にしているのである。

たとえば『論語・述而第七』において、孔子はこう述べたことがある。

「子の曰わく、富にして求むべくんば、執鞭の士と雖ども、吾れ亦たこれを為さん。如し求むべからずんば、吾が好む所に従わん」

この一文の金谷治氏による現代日本語訳はこうである。

「先生がいわれた、『富みというものが追求してもよいなら、鞭をとる市場の監督

【のような賤しい役目】でもわたしはつとめようが、もし追求すべきでないなら、わたしの好きな生活に向かおう。』」（金谷治訳注、前掲書）

孔子はここで、富あるいはお金に対する自分の考えを述べている。彼は決して富あるいはお金それ自体を否定しているわけではない。お金を求めてよいなら、自分はどんな賤しい仕事をしてもそれを手に入れたい、と孔子はいうのである。

前述のように、孔子は若いときは実際に倉庫番や飼育係のような仕事もしているから、仕事の報酬としてお金を稼ぐことに対して、彼は何の違和感も偏見も持っていない。お金に対する孔子のこのような態度は、まさに常識的なものであって、われわれ普通の人間とそんなに変わらないのである。

しかしその一方で、孔子は富・お金に執着しようとはしない。富やお金はあればよいものではあるが、それを求めてはならないようなときには、お金に頼らないような好きな生活をすればそれでよいと、孔子は考えるのである。

つまり孔子からすれば、お金とは、それがあるに越したことはないが、何らかの理由でそれを求めてはならない場合は、無理してお金を手に入れなくてもよい。そういうときは逆に、お金にそれほど頼らないような生活を自分なりに楽しめばいいのである。

それでは、お金にあまり頼らない楽しい生活とは何か。それについて、孔子は同じ『論語・述而第七』でこう語ったことがある。

「子の曰わく、疏食を飯い水を飲み、肱を曲げてこれを枕とす。楽しみ亦た其の中に在り。不義にして富み且つ貴きは、我れに於いて浮雲の如し」

金谷治氏の現代日本語訳はこうである。

「先生がいわれた、『粗末な飯をたべて水を飲み、うでをまげてそれを枕にする。楽しみはやはりそこにもあるものだ。道ならぬことで金持ちになり身分が高くなるのは、わたくしにとっては浮き雲のよう〔に、実のない無縁なもの〕だ。』」（金谷治訳注、前掲書）

つまり、孔子はこう考えるのである。お金を求めてよいときはそれを手に入れてよい生活をしても別に構わないが、お金のないときは粗末なご飯を食べて水を飲むような質素な生活をすればいい。質素な生活の中でも、自分なりの楽しみを見つけることはできるものである。

生活やお金に対する、孔子のこのような態度は、まさに「意なく、必なく、固なく、我なし」という融通無碍(ゆうずうむげ)の境地に達している。それで孔子は、無理して金儲けをしなければならないという煩悩からも、金欠と貧困に苦しむ惨めさからも解放されて、「腕を曲げて枕にして」悠々自適に過ごすことができたのであろう。このような心の持ち方のできる人間はまさに人生の達人、生きるすべを知る賢者そのものである。

孔子の上述の言葉には、実はもう一つ大事なポイントが含まれている。「不義にして富み且つ貴きは、我れに於いて浮雲の如し」がそれである。先に孔子は、お金は追求すべきでない場合は追求しなくてよいという意味合いのことを述べたのだが、ここで孔子は、「追求すべきでない場合」とはどういうことかをはっきりと示している。

それは要するに、「不義をして金を儲ける」ことである。

孔子はお金の価値を認めていても、「不義」は絶対認めない。したがって孔子からすれば、まともな仕事（たとえ賤しい仕事であっても）をして金を稼ぐのはいいのだが、不正をして金儲けしてはならない。不正をしないと金儲けができないなら、自分はむしろ、金儲けを放棄して清貧の生活に甘んじる。

孔子のこのような倫理観と金銭感覚は、至極まともなものであると同時に、極めて常識的なものである。われわれ普通の人間の感覚とも相通じている。今の日本においては、きちんと仕事をして金を稼ぐのはよいが、悪事を働いてまで金儲けをしたくはない、と思っている普通のビジネスパーソンや、職人さんや店員さんがほとんどであるはずだ。

そういう意味では、孔子は普通の常識人であり、普通の常識人はすなわち孔子なのである。もちろんお金に対する感覚だけではない。このような健全なる常識感覚は、まさに孔子という人間の最大の特徴の一つである。

結論的にいえば、苦労の多い人生の経験と多分野で活躍したその職歴によって育まれた人生の達人にして知恵者、それがすなわち孔子なのである。

『論語』は聖典でもなければ経典でもなく、常識論の書だ

以上、孔子とは、いったいどういう人物なのか、筆者自身の視点からいろいろと考察してきた。これまでの定説や通念とは大きく異なり、実際の孔子という人物は、本当の意味での思想家でもなければ哲学者でもなく、ましてや聖人でもないことがよくわかった。

そうだとすると、『論語』という書物の性格も、よくわかるようになるのではないか。『論語』の主人公が孔子であって、主な内容は孔子の言行録であるから、「孔子」がわかれば『論語』もわかってくるはずである。

まず確実にいえることの一つは、『論語』は哲学の書ではないということだ。ドイツの大哲学者であるヘーゲルは、『論語』の独訳を読んで「こんな書物のどこが哲学なのか」と失望して、「孔子の名誉のためにも、『論語』は翻訳されないほうがよかった」との名言を残している。実は、ドイツ人あるいは西洋人の基準からでなくても、中国人自身の思想史の基準からしても、たとえば後述の孟子や朱子の哲学を基準にして見ても、『論語』はどう考えても「哲学の書」ではない。何しろ、本章において

見てきたように、孔子はそもそも哲学者ではないからである。

もちろん、孔子は聖人でもないから、『論語』という書物は決して、恭しく拝読すべき「聖典」ではない。そして孔子は宗教家ではないから、『論語』はキリスト教の『聖書』やイスラム教の『コーラン』のような教典でもない。

『論語』を一度読めばわかるように、そして孔子の弟子も証言しているように、孔子は神様や超自然的な「怪力乱神」をいっさい語ろうとはしないし、死後の世界や、天国や地獄などについてはまったく興味がない。孔子が関心を持っているのはただ、現実の世界である。『論語』はまさに現実の世界をいろいろと語る書物であって、宗教色はほとんど持たない。

それでは、『論語』はいったいどのような書物なのか。われわれは先に、孔子が知恵者であり常識人であることを見てきたが、『論語』はある意味で、まさに孔子という「常識人」が語る「常識論の書」といえるだろう。

『論語』の短編や短文の一つ一つを読んでいくと、当たり前すぎるほどの常識論がよく出てくることに気がつく。

たとえば『論語・衛霊公第十五』で、孔子はこう語っている。

「子の曰わく、人にして遠き慮り無ければ、必らず近き憂い有り」

金谷治氏はこれをこう訳している。

「先生がいわれた、『人として遠くまでの配慮がないようでは、きっと身近い心配ごとが起こる。』」（金谷治訳注、前掲書）

いわれてみれば、それはそうであろう。人が一定の年齢に達していれば、誰もが孔子のこの一言を人生の中で体験したことがあるはずだ。

一つ卑近な例を挙げると、毎年の家内の誕生日には、家の近くにある彼女がもっとも好きなフレンチのレストランで、夫婦でディナーを楽しむのがわが家の恒例となっている。そのため、家内の誕生日が近付くと、このレストランに予約を入れるのが私の大事な仕事である。しかしある年のこと、ひと月前に予約しておけばよかったのに、「まだまだ早い」「まだまだ大丈夫」と思いながらズルズルと先延ばししてしまった。家内から「予約はもうした？」と聞かれて、慌てて予約の電話を入れてみると、「その日はもう満席でございます」との返事であった。恐妻家の私が直ちに大変な窮地に立たされたことは、読者の皆様のお察しのとおりである。

そのときに頭の中で浮かんできた言葉こそ、「人而無遠慮、必有近憂（人にして遠き慮り無ければ、必ず近き憂い有り）」という、われらが大先生・孔子の言葉であった。孔子の教えを忘れていたら、どんな大変なことになるか、まさに身に染みて実感する出来事であった……。

実は『論語』にはこのような、われわれ普通の人間の生活体験や人生体験とぴったり一致するような言葉がいくらでもある。

たとえば、同じ『論語・衛霊公第十五』にある、「過ち（あやま）をしても改めない、これを（本当の）過ちというのだ」という孔子の言葉、あるいは『論語・為政第二』において「君子」とは何かを聞かれたとき、孔子の発した「（君子とは）まずその言おうとすることを実行してから、あとでものをいうことだ」との言葉（ともに金谷治訳注、前掲書）、あるいは日本ではよく知られている「巧言令色（こうげんれいしょく）、鮮（すく）なし仁」という孔子の言葉、そのいずれを見ても、われわれ普通の人間が自らの人生経験の中で感じ取ったもの、会得したものと相通じるのではないだろうか。

こうして見ると、『論語』の中の孔子の言葉は、まさにわれわれ普通の人々の思いや考えを、もっとも簡潔にしてもっとも適切な表現で代弁していることがよくわかる。だから、われわれ普通の人間は、それを読んで「なるほど」と頷いて納得するのである。

そういう意味では、『論語』の中で孔子が展開しているのは、深遠なる理論でもなければ、高邁なる理想でもなく、むしろわれわれ普通の人間でも即座に理解でき、誰もが頷くような常識論である。

「平凡な真理」

その一方、孔子の展開する常識論はまた、彼自身の波瀾万丈の人生体験や多色多彩な職歴体験から得られた、人生や社会に対する深い洞察に基づいたものである。それが故に、孔子の常識論は常識論でありながらも、普通とは違う厚みがあって、奥行きが深く、まさに「平凡な真理」とも呼ぶべきものなのである。

そして、ここで一番肝心なことは、このような「平凡な真理」は『論語』を読むわれわれ普通の人々にとって、大変有益な人生の指南、処世の指南、あるいは人間関係の指南、仕事上の指南となりうるということである。つまり、一人の社会人にしても、一人のビジネスパーソンにしても、一人の経営者にしても、あるいは一人の政治家にしても、『論語』を紐解けば、必ずや読む人のためになる、ということである。

たとえば、孔子が「君子の行い」について語った以下の二つの言葉を読んでみよう。

『論語・衛霊公第十五』「先生がいわれた、『君子は（自分に）才能のないことを気にして、人が自分を知ってくれないことなど気にかけない。』」（金谷治訳注、前掲書）

『論語・里仁第四』「先生がいわれた、『君子は、口を重くして、実践につとめるようにありたいと望む。』」（金谷治訳注、前掲書）

孔子が「君子」について語ったこの二つの言葉は、まさに簡潔明瞭な常識論である。本来なら「君子」であるべきところの政治家や経営者にしても、あるいは「君子」になろうとは思っていないわれわれ普通の人にしても、この二つの言葉はやはり覚えておいたほうがよい。それらが表現していることを会得し、かつ実践できていたら、それはわれわれ自身にとっても、われわれの社会にとっても、大変良いことになるのである。

あるいは、われわれすべての人間にとって重要である「学ぶこと」「知ること」に関しては、『論語』の下記のような言葉はぜひ覚えてほしい。

『論語・為政第二』「先生がいわれた、『学んでも考えなければ、〔ものごとは〕はっきりしない。考えても学ばなければ、〔独断におちいって〕危険である。』」（金谷治訳注、前掲書）

『論語・為政第二』「先生がいわれた、『由（ゆう）（引用者注・孔子の弟子の子路のこと）よ、お前に知るということを教えようか。知ったことは知ったこととし、知らないことは知らないこととする、それが知るということだ。』」（金谷治訳注、前掲書）

前者の言葉は、情報が溢れている今の時代に、ますますその重みを増してきているが、後者の言葉となると、それこそわれわれ普通の人間が忘れがちな大事なことであって、孔子に言われてハッとしながら、自らの学ぶ姿勢を正すことができるものであろう。

良い人間関係、良い友人関係を作りたい人にとっては、『論語』の次のような言葉はかなり有益である。

『論語・衛霊公第十五』「先生がいわれた、『われとわが身に深く責めて、人を責めるのをゆるくしていけば、怨みごと（怨んだり怨まれたり）から離れるものだ。』」（金谷治訳注、前掲書）

なぜ『論語』は絶対に読むべきなのか

あるいは、会社に入った新米社員には、孔子の次のよう言葉を聞かせたら、きっとその人のためになるのではないかと思う。

『論語・為政第二』「子張（しちょう）が禄（ろく）（俸給）を取るためのことを学ぼうとした。先生はいわれた、『たくさん聞いて疑わしいところはやめ、それ以外の〔自信の持てる〕ことを慎重に口にしていけば、あやまちは少なくなる。たくさん見てあやふやなところはやめ、それ以外の〔確実な〕ことを慎重に実行していけば、後悔は少なくなる。ことばにあやまちが少なく、行動に後悔が少なければ、禄はそこに自然に得られるものだ。』」（金谷治訳注、前掲書）

あるいは、当選したばかりの政治家には、孔子の次のような言葉を聞かせるのもよいかもしれない。

『論語・顔淵第十二』「季康子（きこうし）が政治のことを孔子にたずねた。孔子は答えていわれた、『政とは正です。あなたが率先して正しくされたなら、だれもが正しくなろうとつとめましょう。』」（金谷治訳注、前掲書）

そして次の言葉は、立派な人間となって良い人生を送りたいすべての人々にとって、まさに人生の指南となるような金言であろう。

『論語・学而第一』「先生がいわれた、『君子はおもおもしくなければ威厳がない。学問すれば頑固でなくなる。〔まごころの徳である〕忠と信とを第一にして、自分より劣ったものを友だちにはするな。あやまちがあれば、ぐずぐずせずに改めよ。』」（金谷治訳注、前掲書）

不肖の身ながら私も、上述の孔子の金言を肝に銘じて、このような立派な人間になろうと日々精進していくつもりであるが、このような人間的レベルの半分にでも達することができれば、私は自分の人生に大いに満足し、大いなる達成感を味わうことができるのであろう。そして、このような人間のレベルの半分にでも達することができれば、私の家族と私の周りの人々はきっと、この私のことを尊敬してくれて、私のことを愛してくれるのであろう。そうなったら、わが人生には何の悔いもなくなるに違いない。

『論語』という書物は、まさにこのような大事なことをわれわれに教えてくれる貴重な一冊である。孔子という偉大なる常識人・知恵者の人生体験と人間洞察から発した金言の一つ一つは、われわれの人生をより充実させ、より幸福なものにしてくれるであろう。

だから、『論語』は絶対に読むべきなのである。

第二章

御用教学・儒教の成立と悪用される孔子

『論語』と儒教は時代の異なる別のもの

前章では、孔子とは何者か、『論語』とは何かについて、主に『論語』という書物の記載内容に即して論じてみた。

われわれが見てきた孔子は、人生経験が豊富な常識人ではあるが、いわゆる哲学者でもなければ聖人でもなく、宗教家や「教祖様」のような存在とはなおさら無縁の人間であった。そして『論語』という書物は、人生の指南書として大いに読むべきものであっても、哲学の書であるとはいえないし、いわゆる聖典でもなければ宗教の教典でもなかった。いってみれば、孔子という知恵者の長者が、弟子たちに向かって賢明な生き方や学び方、物の見方を諄々と語り教える、それが『論語』という書物のすべてであった。

しかし後世になって成立した儒教において、孔子は「聖人」や「至聖」に持ち上げられ、儒教の「教祖様」のような存在に祭り上げられた。さらに後世になって成立した儒教教典の「四書五経」では、『論語』も儒教の聖典の一つに位置づけられ、科挙試験に必須の教科書となって、読書人であれば誰もが恭しく「拝読」しなければならない一冊となった。

もちろん、後世の儒教において孔子が「聖人」に奉られたことも、『論語』が聖典に持ち上げられたことも、それらは全部、孔子の与り知るところではない。孔子にとって、それは甚だ不本意なことであろう。というのも、後世において誕生し成立した儒教は、孔子を「教祖」と祭り上げながらも、実際には孔子や『論語』とは関係の薄い教学だったからである。

儒教が成立したのはいつなのか。

それに関しては諸説あるが、有力な説の一つは「漢代成立説」である。たとえば中国思想史家の東京大学大学院教授・小島毅氏は、「漢代成立説」を主張する一人である。小島氏はその著『儒教の歴史（宗教の世界史5）』（山川出版社）でこう述べている。

「筆者の学術的認識では、儒教が誕生したのは漢代のことである。その理由は（中略）簡単にいえば、経典の確定とそれをめぐる教学が成立するのが漢代だからである」と。

あるいは『世界大百科事典（第二版）』は「儒教」について、「中国で前漢の武帝が董仲舒(ちゅうじょ)の献策で儒家の教説を基礎に正統教学として固定し、以後、清末までの王朝支配の体制教学となった思想」と解説しているが、これも明らかに、儒教の成立を漢代（前漢）とする見方である。

筆者も儒教の成立は前漢時代であると考えているが、その成立時期の点からしても、儒教は、孔子や『論語』とはほとんど関係がないのではないかと思われる。前漢時代というのは、孔子および『論語』の時代とはあまりにも時間的な隔たりがあり、質的にもまったく違った時代だからである。

孔子が没したのは紀元前四七九年であるが、前漢王朝が成立したのは紀元前二〇二年、孔子が死去してから二百七十七年も経ってからのことである。しかも前漢王朝成立後に、儒教が直ちに誕生したわけでもない。後述するように、儒教が教学としてきちんと成立したのは紀元前一四一年に漢の武帝が即位した後のこと、孔子の死去から数えると三百数十年後のことである。

儒教は厳密にいえば宗教ではないので、安易に比較することはできないかもしれないが、世界三大宗教であるイスラム教・仏教・キリスト教の場合を見てみよう。

イスラム教と仏教は、それぞれの創始者であるムハンマドや釈迦の生前においてすでに宗教としての形を整えて大きな教団を作り上げている。キリスト教の場合、イエス・キリストが十字架の死から復活したその直後から、教団としての布教活動は始まった。

それらに比べて儒教の場合、「教祖」あるいは「始祖」とされる孔子が没して三百年も経ってから教学として成立したというのはいかにも異様だ。孔子や『論語』と後世の儒教との関係の薄さは、それによっても示されているのである。

孔子や『論語』と儒教の隔たりは、時間的間隔だけではない。実は孔子の生きた中国史上の春秋時代と、儒教が成立した前漢時代とはまったく異質の時代であって、政治体制も社会の仕組みも完全に違っているのである。

孔子が生きていた春秋時代は、中国史上の封建制時代である。当時、中国大陸には周王朝の王室を頂点とした封建制の政治システムが成立しており、周王朝を宗主国と認める各諸侯が天下を分割統治していた。そして孔子の死後に始まった戦国時代に各諸侯国が戦いと併合を繰り返した結果、紀元前二二一年に七つの大国（戦国七雄）の一つである秦国が他の列強を滅ぼして天下を統一し、中国史上初めての統一帝国である秦王朝を樹立した。

秦王朝は周代以来の封建制を廃止して、中央集権制の政治システムを作り上げ、皇帝一人が官僚を手足のように使って全国の土地と人民を直接支配するようになった。それ以来、統一帝国と中央集権制は中国の政治的伝統として受け継がれ、現在に至っても健在である。秦王朝の後を継いだ前漢の時代、特に儒教が成立した前漢第七代皇帝の武帝の時代は、まさに統一帝国と中央集権制がきちんと整備され定着した時代である。

こうして見ると、孔子の生きた時代と儒教の成立した時代は、中国史上のまったく違った時代であることがよくわかる。

前漢の時代に成立した儒教が、政治システムも社会の仕組みも完全に異なる三百年前の春秋時代に生きた孔子を「教祖」に奉ったのは、何かの間違いとしか思えない。実際、孔子が『論語』の中で何度も述べているように、彼自身が政治制度としてもっとも推奨しているのは周王朝のそれであり、要するに前漢時代とはまったく異なった封建制なのである。もし孔子が前漢の時代に蘇って皇帝独裁の中央集権制の政治を目にしたら、もう一度憤死するに違いない。この孔子を、前漢時代を代表するイデオロギーである儒教の「始祖」にするとは、悪い冗談というしかない。

結局のところ、漢代に成立した儒教は、「孔子と『論語』の思想を継承した」云々というよりも、むしろ孔子の名声を悪用して、孔子・『論語』とはほとんど関係のないところで自分たちの教学を作り上げただけのことである。それについての詳細は後述するが、とにかく、孔子と儒教、そして『論語』と儒教とは、最初から別々のものなのである。

「王道」と「礼治」――儒学を打ち立てた孟子と荀子

漢代に成立した儒教は、孔子と『論語』とはほとんど関係がなく、儒教が思想的影響を強く受けてその継承者となっているのは、実は戦国時代を生きた孟子と荀子（じゅんし）の二人である。

孟子は春秋時代の後の戦国時代、孔子が死去してから百数十年後に活躍した思想家である。孟子が生まれたのは紀元前三七二年頃、孔子と同じ魯国の出身である。彼は若い頃に孔子の孫である子思の門人に学んだことから、孔子の思想の継承者と自任する。自らの学問体系を作り上げた後には、孟子はかつての孔子と同じように多くの弟子・門人を抱えて自分の学団を形成し、さらに孔子と同じように、弟子たちを率いて諸国を漫遊して自らの学を説き歩いた。しかし、それがどこかの国の権力者に採用されることはほとんどなかった。孔子は晩年、孔子と同じように故郷に戻り、弟子の教育に専念する。

孟子が残した唯一の書物が『孟子』である。これもまた『論語』と同じように、孟子の死後に編集された孟子の言行録である。そこには、孟子と弟子たちとの問答もあれば、孟子が各国を遊説したときに諸侯や知識人たちと交わした対話も収録されている。こうして見ると、孟子と『孟子』は、かつての孔子と『論語』によく似ていることがわかるが、実はこの両者の間には一つ、大きな相違がある。

前述のように、孔子が『論語』において語った考えや思いはバラバラであって、「体系的な思考内容」となっていない。そして物事の背後にある根本原理をいっさい求めないのが、孔子の一貫した姿勢であった。

しかし孔子とは違って、孟子の語った政治論などはまさに「思想」と称するに相応（ふさわ）しい。それこそ「体系的な思考内容」そのものなのである。しかも孟子は孔子とは違って、自らの思想体系の礎（いしずえ）となるような根本原理を深く掘り下げていたのである。

孟子の思想とは何か。それは「性善説」「四徳」「王道政治」の三つのキーワードで概観することができよう。

「性善説」は孟子思想の根本原理である。孟子からすれば、人間の本性はもともと善である。人間は生まれながらにして、惻隠（あわれみ）、羞悪（恥の意識、不義をにくむ心）、辞譲（へりくだり）、是非（正・不正の判断）の四端（徳に向かう四つの根源的感情）を持っている。

人々が皆、この「四端」をよく養って拡充すれば、「仁・義・礼・智」の四徳が成立する。そして人々が「四徳」に基づいて正しく行動すれば、社会が良くなって人民が幸せに暮らすことができる。

そのためには、政治は力ずくで人民を抑制するのではなく、むしろ「四徳」を基本にして人民を教化し、その心の中の「四端」を自覚させて拡充させることを政策の基本とすべきである。つまり政治が「四徳」に基づいて万民を導けば、万民は自らの備える「四端」を自覚して、「四徳」に叶うように行動し、社会は良くなり、天下は自ずと安定する。

そして孟子は、このような「徳に基づく政治」を「王道」と名付けて、「覇道」と呼ばれる「力に基づく政治」へのアンチテーゼとしたのであった。

以上が、孟子思想の骨子であるが、その主な構成要素となる「性善説＝四端」「四徳」「王道政治」の三つの基本概念は、内在的な関連性を持って一つの「体系的な思考内容」となっていることが明らかであろう。「四端」があるから「四徳」があり、「四端」と「四徳」があるからこそ、「徳治主義の王道政治」が成り立つのである。このように孟子の政治思想はもはや場当たりの思いつきやバラバラの各論ではなく、整然とした理論的体系となって、まさに思想家が持つところの「思想」になっているのである。

その一方、孟子が自らの政治思想の礎にしているのは性善説としての「四端説」であるが、その「四端」というのは、要するに孟子が極めたところの人間性の根本であり、「人間には四端があるから性善である」というのは、まさに孟子が打ち立てた人間学の基本原理である。この「性善説」自体が正しいかどうかは別として、孟子はここで自らの学問の根本原理をしっかり追い求め、それを自分の学問体系の礎にしている。

そういう意味で孟子は、まさに思想家・哲学者と称すべき人間であり、孟子思想の誕生をもって、政治思想・人間論としての儒学は初めて成立したといえよう。別の言い方をすれば、中国思想史上、学問あるいは思想としての儒学は孟子によって生まれた、ということである。

要するに、中国思想史上、儒学がその始祖とすべきは戦国時代の孟子であり、決して春秋時代の孔子ではない、ということである。

孟子よりも半世紀後の戦国時代末期に生まれた荀子もまた、儒学の学問的体系化に貢献した一人である。荀子は趙国の出身であるが、生涯において政治権力に疎まれた孟子とは違って、荀子は各国を遊説する中で、斉の国の襄王や楚の国の春申君（しゅんしんくん）などの権力者に仕えることができ、政治に携わりながら学究の生活を送った。

同じ儒学者でありながらも、性善説の孟子とは正反対に、荀子は性悪説を唱えて、それを自分の学問と思想の基本原理にした。人間本来の性質は悪であり、人間は自らの欲望を満たすために悪さをする動物であると荀子は考える。

もちろん荀子は、これで人間に絶望したわけではない。人間は本性が悪であるが、後天的な行為において善を目指して努力すれば、聖人にもなれると彼は考える。その一方、万民が性悪であるからこそ、道徳規範や制度（礼）を制定して、悪の発露と拡大を抑制し、万民を善なる道へと導くのが、まさに天下の君主たちの務めであるという。

荀子はこのような政治思想を名付けて「礼治」という。君主が「礼」(規範と制度)を用いて万民を「治める」のが、すなわち「礼治」である。

このように、「性悪説」に立脚して、君主による道徳規範の制定と万民に対する規制の重要性を説くのが荀子の学問と思想の基本であるが、その際、先輩の孟子と同じように、荀子も一つの根本原理に基づく学問の体系、あるいは思想の体系を築き上げ、一種の哲学・思想としての儒学を打ち立てた。

古き良き時代の政治理念を悪用した人々

このように孟子と荀子の登場によって、戦国時代の末期までに学問・思想としての儒学が確立したわけであるが、どうしてこの時代において儒学が誕生し成立したのかといえば、やはり中国の戦国時代が、古き時代から新しい時代への激動の転換期であったからであろう。

前述のように、孔子の生きた春秋時代までは、中国は封建制の時代であって、天下は周王朝を宗主国とする各諸侯によって分割統治されていた。しかし戦国時代になると、最盛期には数百もあった諸侯国の大半が長年の戦争と併合によって消滅して、天下は七つの大国が並立する状態となった。封建制はほぼ完全に崩壊してしまい、周王朝の王室自体も戦国時代末期の紀元前二五六年に滅ぼされた。

そして、七つの大国が並立する戦国時代は、あくまでも時代転換の過渡期であり、封建制崩壊後の中国大陸の大勢は確実に、天下統一と中央集権の大帝国誕生へと向かっていた。実際、孟子の死去から六十八年後、そして荀子の死去からわずか十七年ほど後、天下は秦の始皇帝によって統一され、封建制に取って代わって中央集権制が、始皇帝の手によって創設されるのである。

こうして見ると、孟子と荀子による儒学の成立は、まさに新しい時代に向かう思想史的躍動であると理解すべきであろう。新しい時代に必要な思想と学問、つまり、統一された大帝国に必要な思想と学問は、孟子と荀子の手によって準備され始めた、ということである。

実際、孟子の唱える「王道主義」にしても、荀子の唱える「礼治主義」にしても、両方とも「為政者が万民を導く」ことの必要性を説くものであるから、それが漢王朝以後の大帝国とその皇帝にとって非常に都合の良い学問であることは、ほぼ自明のことである。そして後述するように、前漢時代に成立した儒教は、孟子と荀子の儒学を受け継いで、大帝国の政治権力と皇位の正当化を図るための壮大なる教学体系を作り上げたわけである。

つまり、孟子と荀子の儒学は、後世における儒教成立のための理論的準備と見るべきであろうが、実はその意味においても、孔子と『論語』は、孟子・荀子の学問とはまったく異なっているし、後世の儒教とはなおさら異なっている。前述のように、春秋時代に生きた孔子がもっとも傾倒し推奨しているのは、戦国時代になって滅ぼされるところの周王朝の政治制度と文化である。孔子が代弁しているのは、来るべき新しい時代ではまったくなく、むしろ滅びゆく古き良き時代の政治理念と文化であった。

したがって、どう考えても孔子と『論語』の考え方は、孟子と荀子の儒学思想や、後世の儒教思想とは、正反対のものとなるはずである。

しかし、どういうわけか孟子と荀子の両者とも、孔子を推奨し、孔子の思想的後継者と自任しているのである。そして後世の儒教はなおさら、孔子の名声を思う存分に悪用して、孔子を儒教の「教祖様」に祭り上げていったわけである。それは孔子と『論語』にとっては、むしろ最大の不幸であり、歴史の悲運だったといえよう。

「法家思想」の秦王朝の崩壊と前漢王朝の成立

前述のように、戦国時代の末期までに、孟子と荀子の両者は政治思想および学問としての儒学を打ち立て、統一帝国の誕生という新しい時代に備えて理論的準備を進めた。

しかし、戦国時代において、各国の権力者によって重宝されたのは儒学ではなく、むしろ中国伝統の法家の思想であった。法家思想は、荀子と同じく性悪説に立脚する。人は生まれつき性悪であるから、君主は厳しい法律を以て人民を統制しないと国家がまとまらない、という考えである。

戦国時代、他国との厳しい戦争に明け暮れている君主たちからすれば、「王道」や「礼治」などの迂遠（うえん）なことを語る儒学よりも、「人民に対する統制の厳格化」を訴える法家の思想のほうが心に響いたのであろう。

中でも、法家思想をもっとも積極的に採用して政治の基本にしたのは秦の国であった。やがて秦の国は戦国七雄の中でもっとも強大な国家となって、武力をもって他の六国を次から次へと滅ぼしていく。紀元前二二一年、秦の国は天下を統一して中国史上初めての中央集権の大帝国を創建した。それに伴って、秦の国王は「皇帝」（秦の始皇帝）を名乗ることとなり、中国史上の「皇帝」がここに誕生した。

秦王朝はその成立後、引き続き法家の思想を政治の基本にして、厳しい法律をもって万民を統制する道を進めた。しかし、それがやがて裏目に出て、帝国崩壊の原因を作った。秦王朝の法律はあまりにも煩雑で、あまりにも厳しいから、人々がちょっとしたことで法に触れてしまい、処罰の対象となる。そのため、人民の王朝に対する反発が次第に強まり、反乱の気運が高まったのである。

前二一〇年に秦の始皇帝が死去すると、暗君であった二世皇帝のもとで政治はさらに乱れ、人民の生活はより一層苦しくなって現実に反乱が起こる。そして前二〇六年、創建からわずか十五年にして秦王朝は反乱軍によって滅ぼされた。その後、反乱軍の二大領袖である項羽と劉邦による天下盗りの戦いはさらに四年間も続いたが、やがて劉邦が全面的勝利を収めて新しい王朝を打ち立てた。前漢王朝の創建である。

前漢王朝は成立後、秦王朝に倣って中央集権の大帝国を築き上げる一方、秦王朝の失敗を教訓にして「法家一辺倒」の政治を改めた。劉邦が反乱軍を率いて秦王朝の本拠地である関中地方を平定したとき、民衆に対して法律を、「①人を殺した者は死刑、②人を傷つけた者および③盗みを働いた者はそれ相応の刑に処す」の必要最低限の三条に改めると約束したというエピソード（約法三章）は有名であろう。そこからもわかるように、何でもかんでも法律で裁くという秦王朝のやり方を改めて、法を簡素化して天下を治めるのが、前漢王朝の基本方針であった。

「われ今日にして初めて皇帝たることの貴きを知れり」

前漢王朝による「法家離れ」は当然、他の政治思想の活躍に道を開くこととなる。それは特に、孟子と荀子の打ち立てた儒学思想にとっての歴史的大チャンスであった。厳しい法律をもって天下万民を統制するという法家の思想が敬遠されると、「王道」や「礼治」で天下を治めるという儒学の思想が脚光を浴びてくるのは当然の成り行きであろう。

しかし、前漢王朝が成立してからしばらくは、儒学が政治によって用いられることはあまりなかった。理由の一つはこうである。

秦王朝のあまりにも過酷な悪政と秦末の内戦によって当時の中国大陸は完全に疲弊してしまったから、前漢王朝はその成立後、天下万民に休息を与えることを政治の要務だと考えた。そのために、いわば「無為」を基本とする老荘の道家思想を、治国の基本理念としたのである。

儒教が政治に用いられなかったもう一つの理由は、前漢王朝の創始者であり開国皇帝である劉邦自身の、儒者嫌いである。劉邦といえばもともとは田舎の無頼漢であり、反乱軍に加わって武力一つで天下を取ったものだから、礼儀とか道徳とかを吹聴する儒学を頭から軽蔑し、儒者が大嫌いであった。皇帝になってからも、儒者が面会を求めて訪れると、劉邦はその者のかぶった「儒冠」(儒者独特の帽子)を脱がせて前に置き、その中に小便をしたという。

このエピソードからもわかるように、儒学は劉邦にとって軽蔑の対象でしかなかった。しかし、やがて儒者たちの知識が皇帝である劉邦のために役に立つときがやってくるのである。

王朝を創建したばかりの頃、劉邦には一つ大きな悩みがあった。彼の臣下となった将軍や大臣に、自分と同じ無頼漢出身の者が多くいたことである。

この者たちは劉邦と生死を共にして王朝の創建に大いに貢献したから、劉邦が皇帝になった後も自分たちが「臣下」であるという自覚がなく、いつまでも無頼漢同士の感覚で皇帝の劉邦と付き合おうとしたのである。朝廷の宴会の席上でも、皇帝の御前でありながら、酒が回ってくると彼らは昔の手柄話を競い合って喧嘩を始め、刀を抜いて柱に切りつけるなど乱暴狼藉を極めたという。

これでは皇帝の権威が成り立たず、臣下への示しがつかない――そう劉邦が悩んでいたところ、叔孫通という名の一人の儒者が皇帝に接近して、朝廷の儀礼をまず整えるべきだと進言した。劉邦はその進言を聞き入れ、彼に命じて臣下たちに百官朝見の儀式を学ばせた。そして叔孫通の指導のもと、臣下の百官たちは何回も儀式の練習を重ねた後、やがて長楽宮で本番の百官朝見の儀式が行われた。

そのとき、高い玉座から儀式を眺めて百官たちの礼拝を受けた劉邦は、そのあまりの厳粛さに感激して、「われ今日にして初めて皇帝たることの貴きを知れり」と驚嘆の声を上げたという。

これで叔孫通は直ちに文部大臣格の太常という官位に任命され、朝廷の儀式一般を司るつかさどることになった。中国史上、初めて儒者が政治権力に食い込み、朝廷の一角を占めることになったのである。もちろんそれは中国の儒教史上、画期的な出来事であった。前漢時代における儒教の成立と儒教の国教化は、ここから始まったといっていい。

董仲舒の登場――「天人相関説」

しかし、前漢王朝の初期においては、儒学が国家の儀式の整備に利用されているものの、その思想的価値は依然として認められていなかった。初代皇帝の劉邦の死後もしばらく、王朝の政治理念を支配していたのは「無為」の老荘思想である。

状況が大きく変わったのは、紀元前一四一年に前漢第七代皇帝の武帝が即位してからである。王朝の創建から武帝の即位まではすでに六十一年も経ち、「無為」の政治を続けた漢王朝の下では天下の万民が十分な休息を得た。秦末の戦争で荒廃した国土はほぼ完全に復興し、農業生産が飛躍的に拡大して経済は繁栄、富が蓄積されて国家の財政も大変豊かになった。

こうした中で、王朝の政治理念であった「無為」の老荘思想は、使命を果たしたことで徐々に退潮し、それに取って代わる新しい政治理念の登場が求められるようになったのである。

その一方、皇帝を頂点とした中央集権制の政治制度は、ほぼ完備されて盤石のものとなったが、秦の始皇帝によって発明されたこの新しいタイプの政治体制を正当化するための理論武装は依然としてきちんと整備されていなかった。中央集権制の頂点に立つ皇帝の至尊の地位を思想の面から支える政治理念の登場は、まさに時代の要請となったのである。

前漢王朝の皇帝にとって、その要請は特に切実であった。前述のように、前漢の初代皇帝である劉邦はもともと下層社会出身の一無頼漢であって、春秋戦国時代以来の「尊い血」を引く家系とは無縁な人間である。このような卑しい出自の劉邦が天下を取って皇帝となったという事実は、前漢王朝の皇帝にある種の後ろめたさを感じさせていた。それだけに、皇帝の地位に対する権威づけはなおさら重要な政治的課題となっていて、そのための政治理念の創出が強く求められたのである。

このような状況は当然、儒学にとっては千載一遇（せんざいいちぐう）の大チャンスであった。儒学者たちは前漢王朝の創立以来、半世紀以上にわたって、この歴史的チャンスをわがものにするために周到な準備を進めていた。彼らはその間に儒学の理論整備を急速に進めて、孟子や荀子から発するところの儒学思想を一大教学体系に育て上げたのだ。すなわち、後述するところの「五経」の整備による儒学の教学化である。そして、これによってそれまでの「儒学」は壮大な理論体系を持つ「儒教」となったのである。

その一方で、例の叔孫通の登場以来、儒者たちが政権の中枢に食い込んだことも儒教の飛躍を大きく助けた。権力が新しい政治理念を求めようとしたとき、それに敏感に反応できたのは、やはり政治の中枢に身を置く彼ら儒学者だったからである。

英邁な若き君主である漢の武帝が登場し、先代の皇帝たちが築き上げた土台の上で雄飛しようと思ったまさにそのとき、一人の儒学者が歴史の大舞台に躍り出て、武帝の欲するものを差し出した。

その儒学者の名は、董仲舒という。彼は現・河北省の広川（こうせん）という地方の出身で、若い頃から大儒学者としての誉れが高かった。前漢王朝第六代皇帝の景帝の時代に博士となって朝廷に仕えることとなり、景帝の後を継いだ武帝の時代には、「先代の老臣」という重みもあって、董仲舒は朝廷における政治理念の指南役としての地位を固め、武帝からも大きな信頼を寄せられた。

そして、董仲舒は朝廷きってのイデオローグとして、時代の要請に応えた。皇帝の権威を高めて皇帝を頂点とする中央集権の国家体制をより強固なものにしようと考える武帝のために、董仲舒は皇帝の地位とその絶対的な権力を正当化するためのイデオロギーを編み出したのである。

董仲舒が皇帝権力の正当化と絶対化のために打ち立てた理論の一つが、有名な「天人相関説」である。自然災害や怪異現象、世間の不祥事を含めて、人間世界で起きているすべての出来事や現象が「天」と相関しており、すべては「天」の意志の表れであるというのがこの説の最大のポイントである。その意味するところはすなわち、人間世界のすべてが「天」の意志によって左右され支配されている、ということである。

その一方で、天が人間世界を直接に支配するのではなく、その子供である「天子」、つまり皇帝を通して天下を支配するとされた。すなわち、天の意志は天子＝皇帝を通して天下万民に伝えられ、皇帝を通して実現されるということである。

たとえば、地震や洪水などの自然災害が起きた場合、それは「天」が天子＝皇帝に対して「政治が乱れているぞ、しっかりしろ」とのメッセージを送ったことだと理解されるのだ。そして皇帝がこのメッセージをしっかり受け止めて、より良い政治を行えば、天の意志が実現されることになるのである。

この天人相関説は一見、「天」に絶対的な権威を置き、天子＝皇帝を天の意志の執行者として位置づけているが、実際には「天」の絶対的な権威を笠に着て、人間世界における天子＝皇帝の絶対的な権威の樹立を図ろうとしているのである。天下という人間世界においては、天の意志を受け止めてそれを実現させることのできる唯一の存在は天子＝皇帝であり、天の意志はすなわち天子＝皇帝の意志、天の権威はすなわち天子＝皇帝の権威だからである。

董仲舒はこうして、「天」の絶対的権威を借りて皇帝の絶対的な権威を打ち立てるという巧妙な手法を用いて、皇帝の地位の絶対化をはかるための理論装置の一つを作り出したわけである。

「性三品説」は孟子と荀子の儒学思想の焼き直し

その一方で董仲舒は、「性三品説（せいさんぴんせつ）」というインチキな理論を生み出して、天下万民に対する皇帝の絶対的支配を正当化しようとした。

「性三品説」とは要するに、天下の人々の「性＝性質」を「上品」「中品」「下品」の三種類に分けて考えることである。それによると、人間の生まれついての性には上品、中品、下品の三つがあるが、「上品の性」は生まれつきの「善」であるのに対し、「下品の性」は生まれつきの「悪」である。そして「中品の性」は、善と悪の両方が混ざっているという。

そのうち、「上品の性」と「下品の性」は生まれつきのもので永遠不変であるが、「中品の性」だけは教育や教化によってより完全な「善」へ向かうことができる。そして、「上品の性」を持つ人と「下品の性」を持つ人は少人数であって社会の少数派であるが、人民の大半は「中品の性」の人々であって、教化されることによって善に向かうことができる人たちである。

それでは、いったい誰が、「中品の性」の人々を教化して「善」へと導くことができるのか。ここでまさに、王、すなわち皇帝の出番となるのである。

これに関して、董仲舒はその代表的著作の『春秋繁露』の中でこう述べている。

「天は民を生じたが、その性に善の素質はそなわるものの、そのままではまだ善たりえない。かくして、そのために王を立てて民を善に向かわせることにしたが、これは天の意志である」(溝口雄三・池田知久・小島毅著『中国思想史』東京大学出版会)

この一文を読むと、董仲舒が「性三品説」を唱えることの意図は明々白々であろう。そう、天の意志に従って万民を教化して「善」へと導くことを、「王」すなわち皇帝の使命だと規定することによって董仲舒は、天の権威を借りた形で万民に対する皇帝の絶対的優位を主張し、道徳論や教育論などの視点から皇帝の支配権を正当化しようとしたのである。

ここで注目しておくべきなのは、董仲舒が提唱したこの「性三品説」は、孟子と荀子の儒学思想をつまみ食い的に借用している点である。「上品の性が生まれつきの善」という説は当然、孟子の「性善説」の借用であるが、「下品の性が生まれつきの悪」というのは当然、荀子の性悪説を受け継いでいる。そして、「王は民を教化して善へと導く」という説はやはり、孟子の「王道思想」と荀子の「礼治主義」から大きな影響を受けているのであろう。

そういう意味では、董仲舒の「性三品説」は、孟子と荀子の儒学思想の焼き直しにすぎない。彼の独創性あるいはオリジナル性は、孟子と荀子の儒学思想のいくつかの要素を借りてきて、皇帝に奉仕するような権力正当化の御用理論、すなわち政治的イデオロギーを再構築した点にある。つまり、董仲舒の手によって、学問としての儒学は政治権力を正当化するためのイデオロギーとなり、まさに後世にいう「儒教」になったわけである。

このような皇帝権力正当化の政治イデオロギーを編み出したことによって、董仲舒と、彼がその中核を担う儒教は皇帝によって大いに認められた。

その結果、紀元前一三四年、武帝即位七年目のこの年に、中国思想史上でもっとも重要な意味を持つ出来事が起きた。武帝が董仲舒の進言を受け入れる形で「罷黜（ひちゅつ）百家（ひゃっか）、独尊儒術」（諸子百家を排斥して儒教だけを尊ぶ）の国策を打ち出して、儒教の国教化の道を開いたのである。

このように、儒教が皇帝権力を正当化するためのイデオロギーを構築したことへの〝ご褒美〟として、皇帝は儒教に思想界を支配する独占的地位を与えたわけであるが、儒教と皇帝権力によるこの露骨なディール（取引）によって、儒教は思想と学問の世界における「唯我独尊」の地位を手に入れた。同時に、儒教は皇帝権力の幇（ほう）

間（たいこもち）になってしまい、以来二千年以上にわたって、政治権力と持ちつ持たれつの卑しい関係を保つことになる。

儒教経典としての「五経」の制作

儒教の国教化に伴って、あるいはそれに先立って、前漢の儒学者たちが全力を挙げて進めたプロジェクトの一つが、儒教の経典である「五経」の制作である。

日本でもよく知られているように、儒教の経典といえば「四書五経」という言葉がよく出てくる。この「五経」とは、すなわち前漢時代に成立した「五経」のことであり、その中身は、『詩経』『書経』『易経』『礼経』『春秋』の五つである（ちなみに、「四書」は『論語』『孟子』『大学』『中庸』を指す。「四書」については、第三章で詳述する）。

前出の小島毅氏は前掲の『儒教の歴史』において、「儒教が誕生したのは漢代のことである」という論断の根拠として、「(儒教の) 経典の確定とそれをめぐる教学が成立するのが漢代だからである」と述べたが、ここでいう「経典」はまさに「五経」のことである。

日本における中国思想史研究の権威の一人であり、大阪大学教授であった森三樹三郎氏は、名著『中国思想史（下）』（第三文明社）において、「五経」成立の経緯についてこう語っている。

「このように儒学が国家公認の唯一の正統思想となった結果、それが一種の宗教的権威をもつようになるのは自然の勢いである。（中略）

宗教的な権威をもつことになれば、とうぜん所依の聖典が必要となる。それが経書、あるいは経典とよばれるものである。もともと『経』とは織物のタテイトのことであり、『緯』がヨコイトであるのに対する。ところでタテイトは織物の最初から最後までを貫くものであるところから、経は『常』なるもの、永久不変なるものという意味が生まれる。したがって『経書とは永久不変の真理をのせた書』であるという解釈が成立する。（中略）

ところで漢の武帝は五経博士の官をおいたが、ここで『五経』の内容が確定した。じつは五経や六経という名称は戦国末あたりからあったものであるが、その内容は必ずしも一定していなかった。それでは漢以後の五経とは何をさすかといえば、詩・書・礼・易・春秋である。これを詩経・書経・易経などと経の字をつけてよぶのは宋学になってからのことである」

以上が、森三樹三郎氏が語った「五経」成立の経緯であるが、氏はここではまず、儒学が国家公認の唯一の正統思想になったこと（すなわち武帝の独尊儒術）を取り上げ、このことの結果として、儒学が宗教的な権威を持つようになったと指摘している。

本書の文脈からすれば、「儒学の国家公認」とは要するに、孟子と荀子に発するところの儒学が国家権力と結ばれることによって、政治的イデオロギーとしての儒教となったわけであるが、その際、森三樹三郎氏の指摘するとおり、宗教的権威を持った儒教には経典たるものが必要となってきて、そのために作られたのが、すなわち「詩・書・礼・易・春秋」の「五経」である。

この「詩・書・礼・易・春秋」の「五経」はどのようにして制作され、制定されたのか。以下、「五経」の一つ一つを取り上げて、その成立の経緯を見てみよう。

『詩経』——古代詩集・民謡集を無理矢理、道徳本に？

まずは『詩経』である。これはもともと中国古代の詩集・民謡集であって、周王朝初期の紀元前九世紀から前七世紀までの作品三〇〇〇編以上を収録したものである。もちろん、この詩集・民謡集は最初から儒学・儒教とは何の関係もなく、日本の『万葉集』に相当するような文学作品であった。

しかし、漢の時代になってから、儒学者たちは一つの伝説を作り上げて、この文学作品（の詩集・民謡集）を儒教の経典に変身させた。その伝説とは要するに、孔子が三〇〇〇編よりなる古代詩集・民謡集の中から純正なる三〇〇編を選び、それらを「風・雅・頌」の三部に分けて一冊にまとめて、『詩経』という経典を制定した、というものである。そして漢代の儒学者たちの説明によると、孔子がこうして『詩経』を編纂（へんさん）したことの意味は、古代の詩や民謡を勧善懲悪の材料にするためであったという。

確かに、孔子は古代から伝承した文学作品集としての「詩」をよく読んでおり、それを弟子たちにも教えている。『論語』にもこれに関する記述は多くある。しかし『論語』を上から読んでも下から読んでも、「孔子が詩三〇〇編を選んで『詩経』を編纂した」というような話はどこにも書かれていない。「孔子が『詩経』を編纂した」ことを証明する史料は何もない。要は漢代の儒学者たちが、儒教の経典を何とか揃（そろ）

えるために孔子の名を借りて、本来なら単なる文学作品である古代詩集・民謡集を無理矢理に「勧善懲悪」の道徳本に仕立てた、というそれだけの話である。

『書経』――古代帝王の事績集を創作?

次は『書経』である。『書経』はもともと『尚書』と呼ばれており、堯・舜・禹をはじめとする古代の帝王たちの詔勅や事績を集めたものである。

この『書経』成立の経緯に関する伝説はこうである。『尚書』はもともと孔子によって編纂された書物だが、秦の始皇帝の焚書でいったん失われた。漢代の初めに、伏生という儒学者によってそれが復元された(今文尚書)。その後、漢の武帝のときに魯王の邸宅を改築したところ、もともと孔子の子孫の家だった壁の中から古い字体で書かれた経典が発見されて、その中に『尚書』も含まれていた(古文尚書)という。

『書経』の成立に関する以上の伝説は、果たして本当なのだろうか。

これに関して、前出の小島毅氏は、前掲の『儒教の歴史』において、いくつか疑問を呈して否定的な態度を示している。

まず「孔子が一〇〇篇の『尚書』を編纂」した話については、小島教授は「史実かどうか怪しい」と述べる。孔子の編纂した尚書が「秦の焚書によって散佚（さんいつ）」したことに関し、教授は「この伝承も疑わしい」という。そして「伏生による復元（今文尚書）」については、教授は「史実だという証明はできない」と断じているのである。

さらに、「魯壁から古文尚書を発見」については、小島教授はこう述べている。

「事実として生じた事件なのかどうか、仮に事実だったとしても『発見』されたのが当時の捏造物ではないのかという二重の点で疑惑がもたれる」

以上は、『書経』の誕生にまつわる伝説に対する、小島教授のツッコミであるが、筆者もそのとおりだと思う。漢代における今文尚書の「復元」にしても古文尚書の「発見」にしても、いずれも史実としての信憑性が乏しくてあまりにも怪しい。

特に古文尚書の場合、ちょうど漢の武帝が儒教を国教に取り立てようとするとき、それが孔子の子孫がいた昔の家の壁から「発見」されたというのは、いかにも出来過ぎた作り話の匂いがする。そして何よりも大事なのは、前漢以前の時代において、『尚書』に関する記録がどこにもない、ということである。

こうして見ると、経典としての『書経』という書物は、やはり漢代の儒学者たちが孔子の名を借りて創作したものであると思われる。この創作の目的はすなわち、堯・舜・禹などの伝説上の古代の偉大なる為政者を儒教の「聖王」に仕立てて、儒教を権威づけるためであろう。そのために彼らはもう一度、孔子の名を悪用したわけである。

『礼経』『易経』――ますます酷くなる捏造・悪用

『書経』の次は『礼経』である。経典としての『礼経』は「三礼（さんらい）」とも呼ばれ、『周礼（しゅらい）』『儀礼（ぎらい）』『礼記（らいき）』の三部からなっている。

そのうちの『周礼』は、周公が周王朝の官制を記したものであるが、その実物は古文尚書の場合と同様、武帝の時代に「発見」されたとされている。もちろん、ここでいう「発見」は伝説であって、『周礼』の正体はおそらく、『尚書』と同じように前漢の儒学者の手によって編纂されたものであろう。そして、『礼経』のうちの『礼記』に関しては、前漢時代に生きた戴聖（たいせい）という人物が古代からの記録を集めて編纂したことが史実として認められている。

こうして見ると、『礼経』の成立はやはり前漢時代であるが、「五経」のうち、この経典の制作に関してだけ、どういうわけか儒学者たちは孔子の名を乱用しなかった。

しかし、次の『易経』となると、「孔子の悪用」はますます酷くなるのである。

『易』というのはもともと「陰陽八卦」を使っての占い書である。それが儒教の経典として制作されていくとき、「陰陽八卦」にさまざまな哲学的な解釈がつけられた。こうしてできあがった『易経』は、天文・地理・人事・物象を陰陽変化の原理に基づいて説明するという、一種の神秘主義的色彩の強い哲学書となっている。

そして儒教の伝説においては、『易経』という経典は、古代の伝説の帝王である伏羲が「八卦」を作り、孔子がその意味を注釈して理論的に集大成したものであるとされているが、それはもちろん事実ではない。漢代の儒学者たちの作り話なのである。

これに関し、前掲の溝口雄三・池田知久・小島毅著『中国思想史』はこう述べている。

「(前略)もともと『易』は民間の占いの書であり、儒家とは何の関係もないものであった。儒家の重要な思想家は孔子から荀子にいたるまで、これに肯定的に言及したことがなかった。孔子が『易伝』(『易』の注釈書)の十篇を作ったという話は、漢初になって『易』を儒教化する必要からつくられた虚構であり、また孔子が『易』を読んだとされることも疑わしい。漢代に儒家が『易伝』を著わした目的は、『易』を儒家の経典として取り入れることにあった」

この論述から『易経』成立の経緯が概ねわかるだろう。古来、確かに『易』と呼ばれる占いの書があったが、漢代の儒者の誰かがそれに対する解釈書として『易伝』を著し、両方を合わせて『易伝』という経典を作り上げた。そしてそのとき、彼ら漢代の儒学者はまたもや孔子の名声を悪用して、「孔子が『易伝』を作った」というデマを捏造(ねつぞう)して、ばらまいたわけである。

もちろん、『易』にしても『易伝』にしても、そんなものは孔子や孔子の考えとは何の関係もない。日本の中国思想史研究の大家で京都帝国大学文学部教授を務めた小島祐馬(おじますけま)氏も、その名著『中国思想史』(KKベストセラーズ)において、「『易』は孔子の作でない」との認識を示した。その上で小島氏は、「『論語』に現われた思想から見れば、今日『易』の原理と考えられている思想は論語の中には全く見当たらない」

と論じている。

つまり、『易経』の制作は孔子とまったく無関係なだけでなく、『易経』の思想はそもそも、『論語』に表れている孔子の思想とは異なっているのである。

おそらく孔子からすれば、自分が『易経』の作者にされてしまうことほど不本意なことはないだろう。まったく関係のない「思想」を押し付けられたからである。

『春秋』――政治権力の正当化に利用しやすい書

最後の一つ、「五経」の中でもっとも重要な経典とされる『春秋』を見てみよう。『春秋』という書物は、孔子の手によって作られた、春秋時代における魯の国の年代記であるとされている。その内容は、魯の国の隠公一年（紀元前七二二年）から哀公十四年（前四八一年）までの、二百四十二年間の魯を中心とした各国の史実を編年体で簡単に記述したものである。

儒教の伝説によれば、孔子が『春秋』を制作した際には、史実をただ淡々と簡潔に記述しているように見えるが、実は孔子の記した一字一句には深い意味が込められているという。つまり、孔子はそれらの字句を用いることによって、正義の所在を示して大義名分を明確にしたわけである。孔子はまた、史実の記述に対する添削を通しても、大義とは何かを示しているというのである。

このようにして、孔子はまたもや自分とは関係のない書物の作者にされてしまったわけだが、実は、「孔子が『春秋』を作った」という説を最初に唱えたのは漢代の儒学者ではない。漢代の儒学者が儒教の始祖の一人に祭り上げている、孟子その人である。

孟子の言行録である『孟子』は、その「滕文公章句下」でこう述べている。

「世間の道徳が廃れて邪説暴行がはびこり、臣下が君主を弑逆したり、子が父を弑逆したりする事例があいついだ。孔子は懼れ、『春秋』をつくった」(現代日本語訳は小島毅著『儒教の歴史』による)

つまり、孟子はここで、世間の道徳が廃れて社会が乱れていることを恐れた孔子が『春秋』を作って大義名分を明らかにし、世の中の乱れを正そうとした、と述べているが、もちろんそれは事実ではない。

これに関して、前出の森三樹三郎氏は『中国思想史（下）』で、「（『春秋』の）著者は孔子だということになっているが、今日では否定的に考えるのが普通である」と指摘している。あるいは前出の小島祐馬氏もその『中国思想史』において、「然るにかくのごとき孔子の大著述とせられる春秋が、孔子の門流によって編纂せられた『論語』の中に一言も言及せられていないのは、はなはだ怪しむべきことである」と述べ、『春秋』の孔子制作説に否定的な見方を示しているのである。

こうして見ると、孔子が『春秋』を作ったという説は、結局、孟子によって作られて流布された嘘であることがわかるが、この孟子の作り話を受け継いだのが漢代の儒学者である。彼らは単なる歴史の記録であった『春秋』に、「孔子の大義名分」が付け加えられていると称して、それを儒教の経典に仕立てたわけである。

それにしても、『春秋』による歴史の記録はあまりにも簡単で無味乾燥であるから、そこから孔子の「大義名分」を読み取るのはなかなか難しいことだ。というよりも、「大義名分」など最初から書かれていないのに、ないものを解読するのは無理な話である。しかし『春秋』を儒教の経典に仕立てた以上、無理をしてでもその「意味」を何とか解釈しなければならない。

そこで、漢代の儒学者たちは、『春秋』の解説書として三つの書物を仕上げた。それはすなわち、『春秋左氏伝』『春秋公羊伝』『春秋穀梁伝』の「春秋三伝」である。漢代以後、儒教の経典としての『春秋』を取り上げる場合、元の歴史書である『春秋』以外にこの「三伝」も実質上含まれていて、全体で一つの「経」となっているのである。

こうして孔子は、またもや自分とまったく無関係の書物の著者にされ、身に覚えのない儒教の始祖の地位に祭り上げられていった。小島毅氏は前掲書において、この一件に関して、「孟子や彼の同志たちによって、孔子は歴史を用いて正義を説いた思想家として祀りあげられていく。儒家はしだいに儒教への変貌を遂げていきつつあった」と指摘しているが、まさしくそのとおりであろう。

実は漢王朝と漢以後の歴代王朝において、「五経」の中でも例の「三伝」を含めた『春秋』は特別に重要視されていて、「五経」の中のもっとも重要な経典だとされている。その理由はやはり、もともとは文学作品集であった『詩経』や形而上学的な陰陽の原理を説く『易経』などよりも、歴史を材料にして大義名分を語る『春秋』のほうが、政治権力の正当化に利用しやすいからである。

たとえば『春秋公羊伝』の場合、「春秋の義を制して、以て後聖を俟つ」と言って、周王朝を継承する漢王朝（後聖）のために孔子が『春秋』を制作したとの説まで展開することになる。だが、それはどう考えても、漢代の儒学者が政治権力に取り入るために作り上げた荒唐無稽な珍説以外の何物でもない。

無頼漢の劉邦が建国した漢帝国はこれで、理想的な古代王朝である周王朝の正統なる後継者となったわけである。

だからこそ、漢の武帝がこの『春秋公羊伝』を含めた「五経」を奉ずる儒学を国家的イデオロギーに取り立てたわけであるが、実は、「独尊儒術」を武帝に進言した前述の董仲舒もまた、この『春秋公羊伝』の信奉者であり研究者でもある。

『論語』とは無関係の儒教の成立、そして孔子の神格化

以上、儒教と儒教の基本経典である「五経」が成立する経緯を見てきた。

董仲舒が中核となる前漢の儒学者たちが、「天人相関説」や「性三品説」を打ち立てて王朝の政治権力と皇帝の権威の正当化に躍起になる一方、「五経」というものを生み出して新しい教学体系の根幹にした。

そこで成立したのが、すなわち後世にいう「儒教」というものである。そして、この時点から南宋時代における朱子学の登場までの約千三百年間、この「五経」が儒教の基本経典として儒教思想の中核的な地位を占めていたのである。

まさにここにこそ、本書が訴えたいもっとも重要なポイントの一つがある。すなわち、このように成立した儒教というものは、実は春秋時代の孔子および『論語』とは、まったく無関係のものである、ということである。

その理由は、実に簡単明瞭である。前述したように、儒教の根幹をなす基本経典としての「五経」はそもそも、孔子や『論語』とは何の関係もないからである。

孔子は『詩経』の中の詩を読んだことこそあるが、『詩経』のために詩を作ったことは一度もないし、この詩集を編纂したこともない。

『書経』としての『尚書』となれば、それが伝説中の堯や舜などの古代帝王の事績の記録ではあるが、孔子のことを書いたわけでもない。

『礼経』は周王朝の儀礼制度などを詳しく記録しているが、それらの儀礼制度は別に孔子が作ったものではない。

そして『易経』となると、この書物の制作は孔子とは何の関係もないだけでなく、そこで展開されている陰陽八卦の世界や陰陽変化の原理などは、神秘的なことや根本原理を一切語らない常識人の孔子とは無縁のものであることは明らかである。『春秋』にしても、「孔子が『春秋』を作った」という話はまったくの嘘であることは前述のとおりである。

このように儒教の基本経典である「五経」が、孔子や『論語』とはまったく関係がないのであれば、孔子が儒教の始祖でないこと、そして『論語』が儒教とは無関係であることはむしろ自明のことであろう。儒教は儒教、孔子は孔子。儒教は儒教、『論語』は『論語』。前者と後者の関係性は、何一つないのである。

嘘と捏造で国家の支配的イデオロギーに

しかし、現在の日本人や中国人を含めた後世の人々はどうして、儒教と孔子、そして儒教と『論語』を混同して両者を一体視しているのだろうか。こうなったことの責任は当然、漢代の儒学者たちにある。

彼らは権力に迎合して、皇帝の権威を正当化するための儒教を構築したとき、古き良き時代の権威である孔子の名声を無断で利用したわけである。彼らが、孔子とはまったく関係のない「五経」の世界を構築したことは前述のとおりである。彼らは、「『詩経』も『書経』も『易経』も『春秋』も孔子が作った」という堂々たる嘘をついた。そして後世の人々がこのような嘘を信じてしまったからこそ、孔子が儒教の始祖だと思い、そして『論語』は儒教と一体のものだと思い込んだのである。

つまり、儒教と孔子、そして儒教と『論語』との関連づけはまったくの嘘から生じたものである。孔子と『論語』は結局、前漢の儒学者たちの嘘と捏造によって無理矢理に儒教と関係づけられた。孔子自身にとって、これほど不本意なことは他にないのではないか。

その一方、漢代の儒学者たちは、孔子の名を悪用して「五経」を作り出しておきながら、孔子の考えを示す唯一の書物である『論語』を決して経典であるとは認めず、『論語』を「五経」に付け加えることもしなかった。いってみれば彼らは、孔子の「名」だけを大いに利用し、孔子の「実」である『論語』を捨てた。このようにしてできあがった儒教はどう考えても、孔子や『論語』とは別のものである。

孔子が常識派の知恵者であること、『論語』とは常識的な人生論であることは前章で論じたとおりであるが、それに対して儒教はまったく異質なものである。「天人相関説」を持ち出して皇帝の権威を高めようとする儒教と、常識的な処世訓を穏やかに語る『論語』とは、いったい何の関係があるというのか。

儒教とは結局、孔子が没してから三百数十年後に、孔子とはまったく関係のないところで作られた一種の政治的イデオロギーであり、権力に奉仕するための御用教学なのである。

しかし、まさに権力に徹底的に奉仕することを本領としているために、儒教は前漢の時代に成立してから清王朝崩壊までの二千年以上の間ずっと、歴代王朝の支配的イオロギーとしての地位を保ち、中国という国の国教であり続けた。

前漢の偉大なる皇帝、武帝が、例の董仲舒の進言を聞き入れて「独尊儒術」の国策を定めたその前後から、儒教は我が世の春を謳歌（おうか）するかのような大躍進を成し遂げ、国家の支配的イデオロギーとしての地位を固めていった。

まずは武帝の下で、「五経博士」制度が創設された。「五経」の一つ一つを専門的に研究することで業績が顕著な人は、国家によって「博士」として認定され、思想を指導するための独占的地位を与えられた。そして紀元前一二四年、博士の一人であり『春秋』を専攻する公孫弘（こうそんこう）が宰相に抜擢（ばってき）された。中国史上、儒学者が位人臣（くらいじんしん）を極めて政治の中枢を担うことになったのは、これが初めてである。

その後、官僚の登用制度として「挙孝廉（きょこうれん）」の制度が作られた。「孝」や「清廉」などの儒教の徳目を基準にして官僚を登用する制度であるが、この制度の下では、儒教を学ぶこと、そして儒教の教えを実践することが官僚になるための必須条件となった。その結果、出世を目指す若者たちは競って「儒教の徒」となる一方、官界は徐々に彼ら儒教の徒によって牛耳られるようになっていく。

儒教はこうして漢帝国の学問と思想、そして官僚機構を完全なる支配下に置き、その権勢は飛ぶ鳥を落とす勢いとなった。

儒学者と官僚を養成するための教育施設である「太学（たいがく）」も設置された。武帝の後の昭帝の時代、太学で学ぶ生徒は数百名程度であったが、第十代皇帝の元帝の時代には一〇〇〇人以上に膨らみ、第十一代皇帝の成帝の治世では、それが三〇〇〇人に達した。

前漢王朝に続く後漢の時代にも、儒教は国家的教学として独占的な地位を保っていた。前漢から五経博士の制度と官僚登用の「挙孝廉」の制度がそのまま受け継がれていて、太学も再建された。そして前漢と比べれば五経博士の人数は大幅に増やされ、太学の規模も拡大されていき、最盛期には三万人の生徒を有した。後漢王朝は前漢以上の儒教国家となったのである。

「科挙」制度の創設と孔子のさらなる神格化

後漢王朝が崩壊した後に、日本でもお馴染みの三国志の大乱世が始まった。そして中国史上でいう「魏晋南北朝」の分裂と内乱の時代がそれに続く。本書の第三章で述べるように、この時代には仏教が中国で広がり始め、道教も勢力を拡大したが、後漢の後の魏王朝にしても西晋王朝にしても、あるいは南北朝時代の各王朝にしても、儒教は依然として国教としての地位を占めていた。

そして、五八一年に隋王朝が創建され、五八九年に中国大陸が再統一されると、儒教の国教としての地位は再び強化された。中国の儒教史上、あるいは学問と思想史上、画期的な出来事が起きたからだ。隋朝の開国皇帝である文帝の下で、官僚の新しい登用制度としての「科挙」制度が創設されたのである。

科挙制度というのは、ペーパーテストを中心とした国家統一試験によって官僚候補者を選抜する制度で、前漢以来の「挙孝廉」に取って代わる新制度である。しかし官僚選抜の基本理念は依然として儒教であるから、前漢時代に成立した五経などの儒教経典は科挙試験の科目に含まれていて、五経を熟読して儒教的教養と知識を身につけることは試験に合格するための必須条件であった。

隋王朝を継いだ唐王朝では、科挙制度はさらに充実されて、秀才・明経・進士・明法・明書・明算の六つの科挙項目が設けられたが、その中の「明経」は当然、五経などの儒教経典に通じているかどうかをテストする試験であり、その他の科目の試験でも、儒教の教養と知識が必要とされていた。

そして唐王朝の第二代皇帝である太宗の時代、その命によって『五経正義』の編纂が始まり、第三代皇帝の高宗の代に完成された。それ以前、儒教の五経に関する注釈書は多種類あって解釈がそれぞれ違っていたが、『五経正義』によって五経に対する解釈は統一され、それが国家公認の標準解釈となった。そして『五経正義』は実質上の国定教科書となったから、科挙試験はそれに準じて行われ、試験の参加者たちも当然それを必修の教科書として勉強して試験に臨んだ。

ここまできたら、儒教は国家的イデオロギーとして機能しているだけでなく、儒教の解釈も国家の力によって統一され、普遍的な基準として強いられることとなった。儒教はこれで国家と完全に一体化し、まさに国家権力の一部となったのである。

このような儒教はもはや、弟子たちに囲まれて人生論や人間論をのんびりと語る孔子やその言行録である『論語』とは何の関係もなく、まったく別の世界のものであることは明々白々だ。しかしながら、儒教が時の国家権力と一体化していくのに伴って、儒教と国家の両方によって孔子の神格化が進んでいった。

前漢時代の後期から、「五経」など確立された儒教の「経書」の「奥義」に対する解釈の書として、「緯書」と呼ばれる一群の書物が作られて広く流布していた。後漢時代になって、「緯書」の「奥義解釈」がますます神秘化・宗教化の色彩を強めていくと、儒教の始祖とされている孔子はいよいよ、「半神半人」のような奇異な存在になっていった。

たとえば、『孝経降命決』という名の「緯書」では、孔子が「舌理七重」(舌の筋が七本あった)、「斗唇吐教」(巨大な唇から教説を吐いた)という怪異な人間として描かれ、あるいは「虎掌(こしょう)」「亀背(きはい)」などの言葉でその身体的特徴が描写された。

あるいは、後漢初期の桓譚(かんたん)という人が書いた『新論』という「緯書」が、「(母の)顔徴は黒帝(神話上の五方上帝の一つ)に感じて孔子を産んだ」と記せば、『春秋緯演孔図』という書物はこの「黒帝感生説」に加えて、「孔子の胸には文字があって『制作して世の符運を定む』と書かれていた」（金谷治著『孔子』講談社学術文庫）と主張した。「制作して世の符運を定む」とは、礼儀制度を制定して天下を安定させるという意味合いだが、この作り話の意図は要するに、孔子という人物を特別の天命を受けて降誕してきた「神の子」に祭り上げることにあった。

その一方、政治権力による「孔子崇拝」もエスカレートしていった。前漢の平帝の時代、孔子が朝廷より「褒成宣尼公」の封号を贈られたのを皮切りに、歴代王朝の孔子への封号はレベルアップしていった。南北朝時代の北魏王朝からは「文聖尼父」の封号、隋王朝の文帝からは「先師尼父」を贈られ、唐王朝の太宗から贈られたのは「先聖」と「宣父」の封号である。そして唐の玄宗になると、孔子は何と「文宣王」の封号を贈られて、めでたく「王」の地位に祭り上げられた。

しかしその孔子はもはや、故郷の私塾において弟子たちに思いやりの心を諄々と語る好々爺（こうこうや）の講師でもなければ、ときにはカンシャクを起こして弟子に八つ当たりする意地悪ジジイの孔子でもない。歴史上に実際に生きた孔子とは無関係なところで、まったく違った人物としての孔子像が権力の手によって作り上げられていったのである。

前漢以後の儒教には、本物の「孔子」はもはやいない。前漢以後の儒教には『論語』も生きていない。前漢以後の儒教はただの儒教であって、孔子と『論語』とは何の関係もない、ということである。

第三章
朱子学の誕生と儒教原理主義の悲劇

大乱世――三国鼎立から五胡十六国の時代

前章では、前漢時代に儒教が国家公認のイデオロギーとして支配的地位を確立した経緯を詳しく見た。前漢王朝・武帝の「独尊儒術」から後漢王朝崩壊までの約三百五十年間、儒教は隆盛を極めて、まさに我が世の春を謳歌していた。

しかしその後は、儒教にとって不本意な時代が続いた。後漢時代の末期、一八四年に起きた「黄巾の乱」によって、中国大陸は長期間の大乱世に突入したからだ。

二二〇年に後漢が消滅してからは魏・呉・蜀の三国が鼎立する分裂と内戦の時代となったが、二六五年に晋（西晋）王朝が再び中国を統一して短い平和の世となった。しかしこの晋王朝が成立して五十一年後の三一六年に内乱によって崩壊すると、中国大陸は再び分裂状態となって、いわゆる五胡十六国と南北朝の時代に入った。

約二百八十年間も続いたこの「五胡十六国・南北朝」の時代、中国の北部は「五胡」と呼ばれる異民族によって占領され、彼らの建てた北魏、東魏、西魏、北斉、北周などの王朝によって統治された。中国南部では東晋にかわって、宋、斉、梁、陳という漢民族中心の王朝が相次いで天下の半分を支配した。北周を継いだ隋王朝が南朝の陳王朝を滅ぼして中国を再び統一したのは、五八九年のことである。

二二〇年の後漢消滅から隋王朝の中国統一までの三百六十数年間、晋王朝の短い統一時代を挟んで、中国はずっと分裂と戦乱の時代だったのである。

この時代、魏晋や南北朝の歴代王朝は一応、国家の政治的イデオロギーとして儒教を採用していた。しかし前漢と後漢のような安定した統一大帝国の不在は、儒教にとって大変不利な状況であった。儒教は結局、国家の御用教学であって、政治権力の庇護（ひご）に依存しなければならない。魏晋南北朝という分裂と不安定の時代、国家の力が相対的に低下すると、儒教も勢力を失って衰退の道を辿った。

たとえば儒教の本拠地である「太学」の場合、後漢時代には国家の庇護下、「生徒三万人」の大所帯に膨らんでいたが、魏晋南北朝になると、国家の力でそれほど大規模の太学を維持することは到底できなくなる。大半の王朝では「太学」が設置すらされず、あった場合にしても規模が極端に縮小されていた。国家の力が落ちれば自らも衰退するのは、御用教学である儒教の宿命だ。

その一方、後漢末期以来の大乱世の中では、殺戮（さつりく）の戦乱と秩序の崩壊を体験した多くの知識人が儒教の唱える「王道」や「仁義」や「礼治」に懐疑の目を向けた。その代わりに、彼らは現実の政治から逃避し、秩序を蔑ろにして道徳を退け、礼儀にも拘らず、性情の自然に身をまかせるようなライフスタイルを好むようになった。

彼らの多くは、あるいは山林に隠居して自然とともに生きるような生活を送り、あるいは仲間を集めて「清談」を楽しみ、芸術と放蕩に興じるようになった。日本でも有名な魏晋の「竹林の七賢」はまさにその典型であるが、彼らの所為はまさに儒教からの離反であり、儒教の理念と伝統に対する破壊であった。

このようにして、魏晋南北朝時代の儒教は国家の力の衰退に伴って往時の勢力を失い、担い手である知識人の多くからもそっぽを向かれて、内部からの崩壊の危機にさらされた。ただ、幸いだったのは、国家権力が依然として御用教学を必要としていたことである。そのため、魏晋南北朝時代を通して、儒教はかろうじて生き延びることができた。

心の救済への渇望と仏教の勢力拡大

しかし、まさにこの時代において、儒教の存亡に関わるもう一つの歴史の大変化が起きた。外来宗教の仏教が中国に入ってきて、急速に勢力を拡大したことである。

仏教が中国に伝来したのは、およそ後漢時代であるが、それが本格的に広がり始めたのは五胡十六国時代と南北朝時代である。四世紀頃、西域僧の鳩摩羅什（くまらじゅう）などの尽力により仏典が大量に漢訳されたことは、仏教の中国普及を可能にした要因の一つであるが、仏教勢力の拡大を促す、いくつかの歴史的、社会的要因があった。

その一つは、後漢末期から長く続いた殺戮と破壊の大乱世の中で、あまりにも多くの苦難を体験した人々が、心の救済を強く求めていたことである。中国伝統の儒教は、権力への奉仕こそを本領とする教学であって、大衆の救済には何の興味もないし、その役割を果たすことができない。そこで、苦しみからの解脱（げだつ）や死後の極楽の世界を説く仏教が現れると、それが人々の心を摑んで離さなかったのは、むしろ当然の成り行きであった。

その一方、五胡十六国と南北朝の北朝を立てたのが、「五胡」と呼ばれる少数民族であったことは前述のとおりであるが、それもまた仏教の中国普及を促進したもう一つの要因である。彼ら少数民族は、そもそも中国伝統の儒教とは無縁な民族であるから、王朝維持のために儒教を利用することがあっても、それに心を寄せることはない。その代わりに、五胡十六国と北朝の皇帝の多くは仏教に強く惹かれて帰依し、仏教の振興に力を入れていた。

その時代、たとえば五胡十六国の中の後趙の開祖皇帝の石勒や、華北の統一に一時成功した前秦皇帝の苻堅などが、仏教を尊信する皇帝として知られた。華北を完全に統一して五胡十六国時代に終止符を打った北魏王朝となると、その歴代皇帝の大半が「崇仏皇帝」であった。約百五十年間も続いた北魏王朝は、まさに仏教帝国の様相を呈していた。

北朝の仏教好きは、どういうわけか漢民族中心の南朝に「伝染」してきた。宋の文帝、梁の武帝、陳の武帝など、仏法崇敬の皇帝が相次いで出現した。梁の武帝に至っては、「三宝の奴」と自称するほどの献身的な仏法崇敬者であった。彼の治世下では、梁の首都である建康（今の南京）は、「南朝四百八十寺」の仏都として繁栄を極めていた。

南北朝が終わって隋唐の時代になっても、仏教の隆盛は相変わらずである。中国大陸を再び統一した隋王朝の時代、開国皇帝の文帝は天下の諸州一一一所に仏舎利塔を建てさせて仏教の普及をはかった。唐王朝の時代には、第三代皇帝の高宗が諸州に国立の寺院を置き、則天武后が長安および諸州に大雲経寺を建てさせ、第六代皇帝の玄宗は諸州に一つずつ開元寺を置いたのである。

こうした中で、中国仏教独創のさまざまな宗派が生まれてきて、民間での仏教の浸透はよりいっそう広がった。隋の時代には智顗という高僧が出て天台宗を開いたが、唐王朝の時代になると、華厳宗が法蔵によって、浄土宗が善導によって、律宗が道宣によって、そして禅宗が慧能などによって打ち立てられた。

中国仏教史上もっとも華やかな時代が出現したのである。

道教の隆盛と唐王朝の「三教」並立

仏教の台頭と共に、中国伝統の道教もこの時代において勢力を大いに拡大した。

道教というのは、神仙思想や不老長生の民間信仰を基盤にして生まれた中国土着の宗教であって、その起源は後漢時代の五斗米道に遡るが、南北朝時代、伝来してきた仏教の影響を受けて、道教はその教学の理論体系と神々の体系を整え、仏教と並立するほどの一大宗教に成長した。

そして唐王朝となると、道教は歴史的飛躍を遂げるチャンスに恵まれた。南北朝時代の教学の体系化において、道教は「無為自然」を主張する伝統の道家思想を自らの教義に取り入れた。それと同時に、道家の始祖である老子を神格化した上で、道教の開祖に仕立てた。そして、歴史上の人物である老子の本名が「李耳」であることが、後世の道教に大変な幸運をもたらした。というのは、隋王朝に次いで天下を統一して安定した大帝国を築いた唐王朝の皇帝一族の姓が、まさに「李」だったからである。

それが大きな理由の一つとなって、唐王朝は開国皇帝の高祖の時代から仏教を崇拝すると同時に、道教を大いに崇信した。高祖はまず老子を帝室の祖として崇拝し、老子廟を建てた。次の太宗は貞観十一年（六三七年）に詔書を出して、宮中の席次においては道教の道士を先にして仏教の僧侶を後にすることを決めた。

そして第九代皇帝の玄宗の時代になると、玄宗自身が本格的な道教崇信者となって老子に「大聖祖玄元皇帝」の号を奉り、『老子道徳経』を全国の家々に一冊ずつ配って全ての人民にそれを読ませた。それと同時に玄宗は、長安と諸州に「崇玄学」という名の道教の学校を設け、博士・助教各一人を置き、定員一〇〇名の学生に『道徳経』『荘子』『列子』などの道教の経典を学ばせた。

この上で、玄宗はさらに、科挙制度の中に「道挙」を設けて、「崇玄学」の卒業生たちを対象に国家的試験を行い、合格者は官吏に任命した。隋王朝で科挙制度が創設されて以来初めて、道教を学んだ者が儒教の徒と並んで科挙試験に参加し、官僚になることができたのである。

唐王朝では高祖から玄宗までは天下諸州に仏教の寺院を建てて「崇仏」の政策を実施しているが、どうやらそれ以上に、唐王朝の道教に対する崇信と保護に熱心であった。

その一方で、前章で記したように、唐王朝は儒教を基本とする科挙制度を整備して、『五経正義』という儒教の国定教科書を制定している。つまり唐王朝は「崇仏」「崇道」と同時進行的に、前漢以来の歴代王朝と同じように儒教を国家的イデオロギーに祭り上げている。言ってみれば唐王朝の下では、儒・仏・道の「三教」が王朝から保護と崇信を受けて、三大勢力として並立するような状況となったのである。

もちろん、儒教にとってそれは甚だ不本意な状況であろう。儒教は依然として国家的イデオロギーとしての地位を維持しているものの、中国の思想と学問を支配するような独占的な地位にはもはやない。民間のレベルでは勢力を拡大してきた仏教と道教に圧倒されていながら、朝廷においては常に道教および仏教と権力の寵愛を競い合うような緊張関係にあった。

しかし、当時の儒教はこういう不本意な状況に対してどうすることもできなかった。なぜなら「崇仏」も「崇道」も、朝廷と皇帝の意向によるものだからだ。権力への依存を体質とする儒教は、朝廷と皇帝の意向に逆らえるはずもない。その時代の儒教は結局、王朝から与えられている国家的イデオロギーとしての地位に甘んじながら、道教と仏教との並立を受け入れて、道教と仏教による圧迫や基盤侵食に耐えていくしかなかった。

儒教復興運動——韓愈の「論仏骨表」と李翺の「復性論」

もちろんその中で、儒教から反発の声がまったく上がってこなかったわけではない。唐代の後半期になると、さすがに仏教の排斥を唱えて儒教の復興を叫ぶ知識人が出てきた。その代表的人物が、白楽天と並んで中唐を代表する詩人の一人であり、古文復興運動の提唱者でもある韓愈である。

韓愈は著名な詩人であると同時に、科挙試験では進士に合格して官僚となり、吏(り)

部侍郎（次官）に累進した正統派の儒教知識人である。その在任中に、韓愈は「原道」「原性」「原人」などの文章を書き、その排仏崇儒の主張を闡明した。彼によれば、君臣・父子の人倫を大事にする儒教の道こそが正しい道であり、それを無視した老荘や仏教の考えは人倫と社会に対する破壊以外の何物でもなく、断固として排斥すべきであるという。

時の皇帝の憲宗が鳳翔という地方の法門寺から仏舎利を宮中に迎え入れたとき、韓愈は激怒して「論仏骨表」を書いて皇帝に呈し、夷狄の腐骨はこれを水火に投ぜよとの過激な表現で反対した。しかしそれが憲宗の逆鱗に触れて、韓愈は南方の辺境の地である潮州に左遷された。

韓愈の後、老荘や仏教を正面から批判する儒教知識人は二度と出てこなかったが、韓愈の弟子である李翺は排仏崇儒という師の遺志を受け継ぎながら、別のアプローチから儒教精神の復興を試みた。

彼はそのために「復性書」という論文を書き、漢代以来の「性三品説」に取って代わるような儒教の新しい人間原理を立てようとした。

李翺によれば、人間の性は確かに天より受けたものであるが、人間は誰でもこの性のままで聖人となることができるという。つまり、董仲舒以来の「性三品説」は人間の生まれつきの「性」を「上、中、下」の「三品」に分け、「上品の性」は皇帝や聖人のみが有するとしているのに対し、李翱はその「上品の性」をすべての人々に開放した。すべての人々は生まれつき、聖人になりうるような性を持っている、と主張するのである。

董仲舒以来の儒教が「性三品説」を主張するのは、要するに、それをもって皇帝と聖人に特別な地位を与え、皇帝の権威を正当化するためであるが、李翱は明らかにこうした儒教の伝統に反して、目線を一般の人々に向け、一般の人々の「性」を肯定した上で、万民の救済を目指しているのである。

権力に奉仕するだけでは、儒教はもはや、人々の心の救済を本領とする仏教や道教に太刀打ちできない。だからこそ、李翱は儒教の復興を図るために、「人間の性」に関するこのような新説を打ち立てようとしたのであろう。

すべての人間は生まれつきの性のままで聖人になれると主張しておきながら、李翱はまた、その妨げになる要素にも言及している。人間には生まれつきの性以外に喜怒哀楽の情もあるが、性が静止の状態から一たび動けば、それが喜怒哀楽の情となって表れ、さまざまな惑いがそこから生じてきて、人間は間違った道へ走ってしまい、聖人への道から外れてしまう、というのである。

したがって、聖人の境地に至るためには、性を不動の状態にしておくことが肝要である。一切の思慮を断ち、性を静止の状態にしておけば、情の惑いを受けることはない。それがすなわち李翺のいう「復性」であり、性の本来の姿に返ることなのである。

このようにして、李翺は旧来の「性三品説」に取って代わるような儒教の新しい人間論を打ち立てて、儒教精神の復興を目指しているのだが、よく考えてみれば、彼がそのために説いた「復性」の考えは、実は、儒教以外のある宗教の考えとよく似ている。

そう、唐代において中国で誕生した仏教の一宗派である禅宗がそれである。一切の思慮を断ち、心を静止の状態にしておくことは、まさに禅宗が座禅を通して目指していく理想的な精神状態であり、禅が「只管打坐（しかんたざ）」を通して求める悟りは、まさにこのような精神状態から生まれるものである。

つまり李翺は、仏教の考えを肥やしにして「復性論」を打ち出し、もって儒教の復興と仏教の排除を目指したわけである。唐代以後、宋の時代から、仏教や道教の考えや概念を借用しながら新しい儒教を立てていくことが、まさに儒教の復興運動の主流となったのであった。

怠惰にして創造力に乏しかった儒教

儒学者たちが李翺の後を継いで本格的な儒教復興運動を始めたのは、李翺の生きた時代から二百年後の北宋王朝時代の半ば頃である。その間、唐王朝が崩壊してからは分裂と戦乱の五代十国時代がさらに五十年以上も続いた。九六〇年に創建された宋王朝（北宋）によって中国大陸が再び統一されると、長期間にわたる平和と繁栄の時代がやっと訪れた。

北宋王朝はその初代皇帝から徹底した「文治主義」を貫き、科挙試験で選ばれた文人官僚を優遇・重用する政策をとっていたから、北宋時代はまさに、文人がわが世の春を謳歌するような文化繁栄の時代であった。

儒教の復興運動は、まさにこのような好条件の下で起こるべくして起きた。しかしよく考えてみれば、それまでの儒教の停滞と怠慢は実にひどいものであった。唐王朝時代の初期において、仏教と道教の台頭が儒教の存続を脅かしてからすでに四百年以上も経っていたのに、儒教がこのような状況を変えるために努力した痕跡はほとんどない。

北宋の時代になって、しかも北宋王朝の「文治主義」下の好待遇を受けるようになって、儒学者たちはようやく陣営を立て直して儒教の復興にとりかかった。権力の庇護に馴れていた儒教は、時代の変化への対処に関しては、いかにも鈍かったのである。

しかも、前漢時代の武帝の「独尊儒術」から、北宋時代の儒教復興運動までの約千百年間、儒教はずっと、董仲舒の生み出した「天人相関説」や「性三品説」などのいい加減な教説の上にあぐらをかいて、歴代王朝の政治権力の庇護の下で何の進歩も進化もないまま、のんびりと歳月を送っていた。中国伝統の儒教とは、まさにこのような怠惰にして創造力の乏しいものである。

周敦頤の「主静無欲」の人間論

それはともかくとして、北宋時代になるとやっと、一部の儒者たちが儒教の立て直しに着手し始めた。その初期の代表的人物が、周敦頤という人である。

周敦頤は今の湖南省の出身で、青壮年期は地方官として各地を転々とした。晩年には名山の廬山の麓に「濂渓書堂」を築き、そこを拠点にして学問の研鑽に励んだ。後世に残した『太極図説』『通書』がその主著である。

森三樹三郎氏の『中国思想史（下）』（第三文明社）によれば、周敦頤の学説の概要は以下のようなものである。

周敦頤はまず、その『太極図説』において儒教的形而上学としての万物生成論を展開する。彼によると、万物の根源となるのは「無極にして太極」なるものである。「太極」は宇宙万物の根源となる存在であるが、個々の万物が有限であるのに対し、この「太極」だけが無限であるから「無極」というのである。

「太極」が動くと「陽気」が生まれるが、動が極まると静の状態が生じ、その静から「陰気」が生まれる。そしてこの陰陽二気が交錯することにより、金木水火土の五行の気が生まれて、そこから万物が生成するのである。これを簡単に示せば、太極↓動静↓陰陽↓五行↓万物という順になるが、万物はまさにこのようにして太極から派生する。そして万物はそれぞれの内に太極を宿している、というのである。

以上は、周敦頤の形而上学としての万物生成論であるが、そこから彼は、「主静無欲」の人間論を導き出したのである。

万物が太極から派生して太極を内に宿しているのであれば、万物の一つである人間も同様であって、その心の中に太極を宿しているのである。

人間の心に宿っている太極は、すなわち「誠」であり、つまり人間の心の中の純粋なる状態である。心の中の純粋なる状態が動かないときはそれが「静」であり、無欲でもある。しかし、静である心の太極がいったん外物と接すれば「動」がそこから生じてくるのだが、まさにこの「静」から「動」に移るプロセスにおいて「欲」というものが出てきて、人間の心と行為の悪がそこから生じてくる。

ならば、「悪」が生じてくるのを防ぐには、人間はどうすれば良いのか。「動」が生じてくる前の「静」の状態、すなわち心の動かない純粋な状態、無欲の状態を常に保つことが一番肝心である。周敦頤はそれを名付けて「主静無欲」という。この「主静無欲」の状態を常に保つことのできる人間が、すなわち聖人である。

その一方、われわれ普通の人間でも、聖人に学んでこのような「主静無欲」の状態に達することができるし、われわれの誰でもが聖人になることができる。それが、すなわち周敦頤のいう「聖人可学論」である。彼からすれば、努力して聖人になるのは、すべての人間の目指すべきところである。

以上が、周敦頤が唱えるところの「主静無欲」の人間論であるが、それは前述した中唐時代の李翺の「復性説」と一脈通じていることがよくわかる。李翺の「復性説」もまさに、一切の思慮を断ち切り、「性」を静止の状態にしておくこと(復性)を、聖人になる道であると説く。そして李翺もまた、人間は誰でも努力さえすれば、聖人になれると考えているのである。

こうして、唐王朝時代の李翺は、その死から二百年以上も経った北宋時代になって、やっと思想的後継者を得たわけである。そして李翺の「復性説」が仏教の禅宗から大きな影響を受けているのと同じように、その思想的継承者である周敦頤の「主静無欲論」もまた、禅宗から強い影響を受けていると考えられる。周敦頤自身が禅僧とよく交遊をしていたことが知られているし、「主静」という表現はそのまま禅の愛用する言葉であって、禅の目指す境地とほとんど変わりがないのである。

その一方、周敦頤の思想と学説は、道教からも大きな影響を受けている。

彼は、自らの万物生成論において万物生成の根源を「太極」としているが、この

「太極」という言葉は、まさに道教用語の一つである。彼が万物生成論を説くために著した『太極図説』は、要するに「太極図」に理論的説明を加えたものであるが、この「太極図」はまさに、道教の道士たちが天地万物の由来を説明するときに用いる「秘蔵の図」なのである。

こうして見ると、宋代の儒教復興運動の最初の旗手である周敦頤の思想と学説は、仏教と道教の両方から影響を受けていることが偽らざる事実なのであろう。結局、仏教と道教に圧倒されながら、そのことへの反動として起きた儒教の復興運動は、それ自体がまさに仏教と道教の影響下にあって、仏教と道教の両方から栄養を吸収して初めて成り立つものである。中国史上の儒教の復興運動は、結局このようなものだったのである。

程明道と程伊川――「敬」を持つことは「邪を防ぐ道」

周敦頤の後を継いで儒教復興運動の新たな担い手となったのは、周敦頤自身の弟子である程明道（程顥）・程伊川（程頤）兄弟。中国儒教史上有名な「二程」である。

ここでは引き続き、森三樹三郎氏の前掲書に従って、二程の思想と学問の概要を見てみよう。

まずは兄である程明道の場合、彼は周敦頤がいうところの「太極」に取って代わって、天地万物の根源が「天理」であると説く。宋代の新儒学にとって一番の基本である「天理」の概念が、ここに初めて姿を現した。

天理とは、天地の持つ法則、道理のことであるが、天理の最大の働きは万物を産み育てることであり、まさに慈愛に満ちたものである。程明道はそれを名付けて「仁」というが、天地万物はまさに天理の仁によって生み出されて、結ばれている。「万物一体の仁」という言葉は、ここから出てくるのである。

以上は、「天理」に関する程明道の説であるが、弟の程伊川はこの「天理」の概念を受け継ぎながら、「性即理」の人間論を展開していく。

程伊川によれば、天理というものは人間の心の中にあってはすなわち人間の性であり、「性とは理のことにほかならない」という（「性即理説」）。つまり彼はここで、「太極を人間の心に宿している」という周敦頤の人間論の基本を受け継いで、「天理を人間の心に宿している」と主張するのである。

一方、程伊川は、人間は心の中に「天理」としての「性」を宿しているのと同時に、万物を構成する素材である「気」を引き受けて自らの身体を形作っていると考える。つまり、天理としての「性」と、物質的な素材としての「気」が結合して、人間というものを作り上げているというのである。その際、天理としての「性」は「仁」であり「善」であるの対して、身体的要素としての「気」は陰陽や清濁などの属性を備えている。そして気が清であれば「善」となるが、気が濁であれば「悪」となるのである。

心が静止の状態であるときは性のまま、善のままであるが、いったん思慮が働いて心が動くと、そこに気の要素が表れ愛憎喜怒の情が生じてきて、気の清濁と善悪の差が生まれるのである。

したがって、人間が「善」である状態を保ちたいなら、心を静止の状態にしておくのが一番であるという。つまり程伊川はここで、周敦頤のいう「主静無欲」とほぼ同じことを考えているのである。

しかし程伊川は、「主静」という言葉は禅学的な色彩が強いのでそれを嫌い、儒教的な用語である「敬」を持ち出してきて、「静」に取って代えようとした。

「敬」には「畏敬」や「慎み」などの意味があるが、彼によれば、人は心の中で常に

「敬」を持っていれば、性が天理のままの状態であって悪へ向かうことはまずない。「敬」を持つことはまさに「邪を防ぐ道」なのである。

以上は、北宋における儒教復興運動の次世代の担い手である二程の学説である。唐代の李翺やこの二程の師である周敦頤の場合と同様、彼らの思想が仏教から大きな影響を受けていることは明らかであろう。

ただし彼ら二程の場合、「太極」や「静」などの道教的、仏教的用語を意図的に避けて、「天理」「性」「敬」などの儒教的な用語を基本概念として用いたところに、儒教の新しい学説を打ち立てようとする意気込みが強く感じられる。

そして実際、彼らが用意したそれらの基本概念と説明の構図は、後世に朱子学と呼ばれる新しい儒学の誕生に理論的枠組を提供することによって、新しい儒学の誕生のための準備を整えたのである。

朱子学の登場——「理気二元論」

二程が新しい儒学誕生の準備を整えたのは北宋時代後期であるが、それが実って新しい学問の誕生を迎えたのは南宋の時代である。その間、中国史上有名な「靖康(せいこう)

の変」が起きた。北宋王朝が北の女真族の金朝によって滅ぼされ、皇族の一人が中国南部に逃げて南宋王朝を立てたのである。

南宋が創建されたのは一一二七年であるが、その三年後の一一三〇年、南宋王朝治下の福建省で、中国儒教史上のみならず、東アジアの儒教史上でもっとも影響の大きい人物が生まれた。名は朱熹（しゅき）という。すなわち後世にいう朱子その人である。

朱熹は十九歳で科挙試験に合格し、二十代から地方の下級官吏となって官僚の道を歩み始めた。その後、彼は晩年まで断続的にさまざまな地方官職を歴任していたが、中央官界に上がったことは一度もない。官僚としてはむしろ不本意な人生を送った。

しかしその一方、彼は北宋以来の周敦頤や二程の学を受け継いで、新しい儒学としての「道学」を集大成し、後世の中国と東アジアに多大な影響を与えた「朱子学」を打ち立てた。同時に彼は、この新しい儒学を基本にして儒教の経典に対する再解釈を行い、儒教の「道統」というものを立てて、漢代以来の儒教の思想体系を立て直すことによって、儒教の復興を成し遂げた。

朱熹によるこのような偉大な業績があったからこそ、朱熹の死から百六十八年後に成立した明王朝とそれに続く清王朝において、儒教は再び国家的イデオロギーとしての独占的な地位を取り戻して、五百数十年にわたって中国の思想と学問を支配し、中国人の考えを支配したのである。

もちろん、朱子学が中国社会を支配したこの五百数十年間は、中国の民衆にとって、特に中国の女性にとって、まさに抑圧と残酷の暗黒時代であった。それに関しては、後で詳しく考察したい。

ここではまず、朱熹が儒教復興の中核として打ち立てた朱子学とは、どういう学問、どういう思想であるかを見てみよう。

朱子学の中心概念が「理」である。「理」とは天地万物の生成・存立の根源である。それが人間を含めた森羅万象がよりどころとする根本的原理であり、仁義礼智信を内容とする最高の善でもある。「理」を基本原理とすることから、朱子学は別名「理学」とも呼ばれる。この「理」の概念は当然、北宋の程明道が唱えた「天理」と一脈通じるものであり、「天理」を受け継いだものである。

その一方、朱子学は天地万物の構成元素である「気」の存在を認めている。「気」というのは天地万物を構成する微粒子状の物質的なもので、この宇宙に充満しているという。そして「気」が陰陽変化によって金木水火土の五行となって万物を形作っていくのである。

もちろん「理」だけがあっても、「気」だけがあっても天地万物は生じてこない。「理」と「気」との関係は、椅子を譬えにすれば、こういうことである。椅子を実際に構成しているのは「気」から生じたところの「木」であるが、木材だけがあっても、それが自動的に椅子になることはない。「四つの脚がある、座るための道具」という「理」があるからこそ、ただの木材はこの「理」に従って椅子に作り変えられるのである。

その際、「理」というのは存在物を存在物たらしめる形而上的原理であり、「気」とは物を作る形而下的な材料である。森羅万象のすべての存在は、まさに「理」と「気」によって形成されているのである。

哲学でいう存在論に関するこのような考え方は、「理気二元論」というべきものであるが、朱子学はこの「理気二元論」をもって、宇宙生成から天変地異などの自然現象までをすべて説明している。

朱子学の人間論――「性即理説」の継承

では、人間論はどのようなものか。朱子学によれば、人間というのは万物と同様、やはり「理」と「気」の両方によって形成されている。すなわち、「気」が集まって形成されたのが人間の肉体であり、それに対し、「理」は人間の中にあっては精神、朱子学の言葉でいえば人間の「性」というものである。

朱子学はここでは明らかに、前述の程伊川の「性即理説」を受け継いで、天地万物の基本原理である「理」が、人間の中にあっては人間の「性」であると考えている。

この「性即理説」は、ある意味では、儒学の先駆者である戦国時代の孟子の「性善説」の継承でもある。というのは、天地万物の基本原理であり、最高の善でもある「理」が、そのまま人間の心の中に「性」として宿っているのであれば、すべての人間はもともと、この最高の善を自分の心の中に持っている、ということになるからである。

そこから始まるのが朱子学の人間論と倫理学である。人間の心のあり方の説明に関して、朱子学が打ち出したのは、「本然の性」と「気質の性」という対概念である。

「本然の性」は要するに人間の心の中に宿っている「理」そのものであり、純粋なる至善である。しかし天地万物が「理」と「気」によって形成されているように、人間も「理」と「気」の結合によって形成されているから、人間の心の中に宿している「理」が、実際は純粋な状態で存在しているのではなく、人間の「気」と一体となっている。

「気」と一体化しているこのような人間の性は、すなわち「気質の性」なのである。つまり、人間が実際に持っているのはこの「気質の性」であって、「本然の性」は抽象化された一種の理想なのである。

人間の抱えるさまざまな問題は、まさにここから生じてくる。個々の人間を形成する「気」には清濁の差があるから、個々の人間には賢愚の差がある。そして「気質の性」は動き出して外物と接触を持つこととなるから、そこからは「情」と「人欲」が生じてくるのである。

「情」と「人欲」が人間の「本然の性」を曇らせることで、人間は理性を失って衝動的な行動に出たり、「善」を忘れて「悪」に走ったりする。つまり、人間が節度のない行動を取るのも、悪に走ってしまうのも、全部、「本然の性」から離れて「気質の性」に身を任せたことの結果である。

「格物致知」「持敬」そして「存天理、滅人欲」

それでは人間は、いったいどうすれば「気質の性」から離れて「本然の性」に近づくことができるのか。それこそが朱子学的倫理学の大問題である。

そのために、朱子学はいくつかの方法論を開発している。

一つは「格物致知」、あるいは「格物窮理」という方法である。「本然の性」というのは人間の心に宿している「理」であるが、この「理」というものは人間だけでなく天地万物の中に等しく宿っている。したがって人間は、天地万物を観察・研究してその中に宿している「理」を極めることができれば、自分の心の中の「理」を再発見・再認識することもでき、自分の「本然の性」に立ち返ることができるのである。

もう一つの方法は、すなわち「持敬」である。「気質の性」が動いて外物と接触したことから情と人欲が生じてきて人間が悪に走るのであれば、「畏敬の念」や「慎みの態度」をもって心の中の静止状態を保ち、「気質の性」がむやみに動き出すのを未然に防ぐことが、人間の修養法として大事なのである。

朱子がここで強調しているこの「持敬」という修養法が、まさに北宋時代の周敦頤が唱えた「主静無欲」の焼き直しであることは明々白々であり、それが仏教の禅宗からの入れ知恵であることは前述のとおりである。朱熹自身がよく参禅していたことは知られているが、結局「新儒学」というものは、その肝心なところでは往々にして、仏教理論の二番煎じにすぎないのである。

しかし、「格物致知」にしても「持敬」にしても、これらの方法論を実行できるのはあくまでも一部の知的エリートであって、いわば読書人の世界の話である。日々の労働と生活に追われている一般庶民には、「格物致知」や「持敬」を実践する心と時間の余裕はどこにもないはずである。

しかし朱子学からすれば、知的エリートだけが「格物致知」や「持敬」で「本然の性」に目覚めるのでは、まったく不十分である。一般民衆に浸透して勢力を拡大している仏教と道教に対抗して、朱子学が目指しているのはまさに万民に対する導きであり、社会全体と一般民衆を儒教によって統制していくことである。

そこで朱子学が提唱するのが、「礼教社会」の実現である。「礼」とは要するに礼節と道徳規範のことであるが、礼節と道徳規範をもって庶民を教化し、彼らの行動を規制して彼らの心をその「本然の性」に目覚めさせて立ち返らせること、それが朱子学の唱える「礼教」の役割である。

そして前述のように、人々に自分の心に宿している「本然の性＝理」を忘れさせて悪に走らせるのは、「気質の性」から発した情と人欲であるのだから、「礼教」の第一の目標と役目はすなわち、礼節と規範をもって、人の発する「情」を正しく規制し、「人欲」を封じ込めて殺していくことだという理屈になる。

このような考え方を端的に表現した朱子学と礼教主義の典型的なスローガンこそ、「存天理、滅人欲」（天理を存し、人欲を滅ぼす）なのである。

前漢以来の儒教の歴史を「無かった」ことに

このようにして、朱子学は北宋の程明道・程伊川の思想を受け継ぎながら「理気二元論」を編み出して、天地万物の生成と人間の「性＝本質」に対する哲学的説明を行う一方、人間の心にある「気質の性」から発したところの「情」と「人欲」こそが「理＝天理」にとっての大敵であり、人間社会の秩序と道徳規範を破壊する元凶であると認識するに至ったのである。

そして、「情」と「人欲」をいかにしてコントロールするのかに関しては、特権的読書人＝知的エリートのやるべきことは「格物致知」と「持敬」であるが、一般庶民に対する処方箋はすなわち、「礼教」の実行によって人々の「情」を規制して、その心の中の「人欲」を滅ぼしていくことだとされた。

以上が、「新儒学」と称される朱子学の概要である。朱子学はまさに、「理気二元論」を中核とする新儒学を打ち立てることによって、「存天理、滅人欲」を目標とする新儒教、すなわち「礼教」を打ち立てようとする学問である。

そのために、朱熹はもう一方において、いわゆる「道統論」を打ち出すことによって、自分の学問と「礼教」こそは儒教の正統なる後継者であると主張した。「道統論」とは要するに、儒教の歴史を一度整理した上で、儒教の精神が正しく伝承されてきた道筋をきちんと立てることである。

「道統」の考えを初めて明示したのは、前述した中唐の韓愈である。彼は「原道」において、儒教の正しい教えは、「堯→舜→禹→殷の湯王→周の文王・武王→周公→孔子→孟子」の筋で受け継がれてきていると述べた。これが儒教世界の「道統論」の始まりである。

韓愈が、いったいどうして、このような「道統論」を唱えたのかといえば、その理由は実に簡単だ。前述のように、仏教・道教の圧迫から儒教を守ることが、韓愈が自らに課した使命であったが、そのためには仏教や道教に対抗して、儒教の精神が堯や舜などの素晴らしい「聖王」たちから脈々と受け継がれてきている由緒正しいものである、と強調しなければならなかったのである。

それに、宗教としての仏教と道教はいずれも、自らの「道統」をきちんと立てている。たとえば禅仏教の場合、達磨から弘忍、弘忍から慧能・神秀への「伝燈」をしっかり立てていることがよく知られている。おそらく韓愈からすれば、こうした「夷狄」の宗教と対抗するためにも、儒教は自らの「道統」をちゃんと立て直さなければならなかったのであろう。

こうした韓愈の道統の考えを受け継いで、儒教の「道統論」を確立したのが朱熹であった。朱熹によれば、儒教の精神と思想の道統は、まず「易」を作った伏羲から始まって、『尚書』がその事績を記録した堯・舜・禹に受け継がれて、殷の湯王や周の文王・武王・周公を経て孔子に伝わり、その後、曾子・子思・孟子が継いだという。

ここでの曾子は言うまでもなく孔子の弟子の曾子であり、子思は孔子の思想を正しく伝えたとされている孔子の孫である。そして孟子がこの子思の門人に学んだとの伝説があるから、孟子が孔子の継承者にされているのである。

問題は、孟子以後、儒教の道統がどうなっているのかである。それに関して、朱熹の唱える「道統論」は実に驚くべき見解を示している。彼によれば、道統は孟子にていったん断絶して、孟子以後の約千四百年間、儒教の道統はずっと断絶したままであったという。つまり朱熹はここで、前漢以来の儒教の歴史を完全に否定してしまい、それを「無かった」ことにしたのである。新儒学・新儒教を打ち立てるために、千四百年間の儒教自体の歴史をきっぱりと否定してみせたのだ。朱子学と新儒教がどれほど独善的、横暴なものであるかが、ここからもわかるだろう。

そして朱熹によると、孟子以来断絶したままの儒教の道統を復活させたのは、北宋の周敦頤であり、それを受け継いだのは周敦頤の弟子である程明道・程伊川であるという。

それでは、この二程に伝わった道統を受け継いだのは誰なのか。朱熹は、自分こそが二程の思想の正しい後継者であるから、自分こそが儒教の精神と思想の正しい継承者であり、伏羲から始まった儒教の道統の正嫡はまさにこの自分であるというのだ。

ここまでくれば、朱熹が中唐の韓愈に倣って「道統論」を打ち出したことの意図が明々白々であろう。自分と自分の打ち立てた新儒学・新儒教こそが、儒教の正しい継承者であることを力説したかったのである。

そのために朱熹は乱暴にも、前漢以来の儒教の千数百年間の歴史を完全に抹消してしまう一方、古代の「聖王」たちから北宋の周敦頤による「道統復活」までの繫ぎ役として、孔子と孟子を持ち出したのである。

『論語』の憂鬱——「四書」の選定と祭り上げ

前章で述べたように、前漢の儒教は「五経」を制作するときに孔子の名を悪用しながら、孔子と孟子の両方を儒教の最高経典から排除して、いわば「孔孟冷遇」の儒教を打ち立てた。それに対し、前漢以来の儒教を頭から否定した朱熹は、逆に孔子と孟子を引っ張り出してきて、その空白を埋めようとしたのである。朱熹の立てた道統においては、周の文王・武王・周公から北宋の周敦頤に直結するのはいくら何でも無理があり、その思想的・歴史的繋ぎ役が必要となってくるのである。

朱熹がそのための繋ぎ役として選んだのがすなわち、孔子と孟子である。前漢の儒学者たちが孔子を散々悪用したのと同様、朱熹はまた、孔子と孟子を利用しただけである。

孔子と孟子の利用のために、朱熹は『論語』と『孟子』を自ら注釈して、自分なりの解釈を行った。そして、北宋の程伊川の考えに従って、『礼記』から『大学』『中庸』の二編を選び出して独立させた。朱熹はさらに、この二編に『論語』『孟子』を配して「四書」と称し、この「四書」を漢代以来の「五経」と並べて儒教の基本経典に祭り上げたのである。

これがすなわち後世にいう儒教経典「四書五経」の誕生の経緯であるが、そうすることによって朱熹は、孔子と孟子を引っ張り出して自分に繋がるための儒教の道統を立てる一方、「四書」をもって漢代以来の「五経」と対抗したのである。そういう意味では、「四書五経」の成立はまさに「朱熹の、朱熹による、朱熹のためのもの」であった。

しかしその中で、孔子と『論語』は再び利用されてしまったのである。漢代の儒学者たちが孔子の名を利用して「五経」を作り出しながらも、『論語』を儒教の経典から外したことは、前章に記したとおりであるが、朱熹と朱子学に至ると、今度は漢代以来の儒教への対抗のために再び孔子の権威を利用したわけである。

結局、孔子と『論語』は誕生してから千五百年以上、必要とされるときだけ都合よく利用されてきたわけである。前漢から朱熹までの儒教の歴史は、孔子と『論語』にとっては、散々利用され、悪用された、不本意にして憂鬱な歳月だったのであろう。

漢民族の明王朝において支配的地位を確立

儒教の正しい道統を受け継いだと自称する朱子学と新儒教としての礼教は、その後の中国史において徐々に漢代以来の儒教に取って代わり、支配的な地位を固めていった。

しかし生前の朱熹は、官界における地位はそれほど高くなく、晩年には官僚としての資格さえ剥奪された。朱子の学問も一時、朝廷によって「偽学」に指定されて学ぶことを禁じられた。一二〇〇年、朱熹はこうした不遇の中で七十歳の生涯を閉じた。

朱熹の名声が高まったのはその没後である。彼の学問は徐々に読書人の間で広がっていって、朱熹は「朱子」と呼ばれるようになった。そして一二四一年、朱熹の死後四十一年目にして、彼は文宣王廟（孔子廟）に従祀され、朱子学が国家の正統教学であることが示された。

しかし、その三十八年後の一二七九年には、南宋が元の侵攻によって滅び、中国大陸が蒙古族の建てた元朝によって支配されることとなる。だが、この異民族王朝の下で科挙試験制度が復活されたとき、科挙試験の準拠する儒教経典の解釈に朱子学が採用されることとなった。朱子学はこれで初めて国家的教学としての地位を得たのである。

朱子学がさらに支配的地位を固めて一世を風靡（ふうび）したのは、一三六八年に創建された漢民族中心の明王朝においてである。

明王朝はモンゴル人の元王朝を中国から追い出して創建した漢民族の王朝であるから、民族意識がとりわけ強い。明王朝の下で、伏羲以来の「道統」を受け継いだと称する朱子学と新儒教が国家的教学として採用されるのは、むしろ当然の成り行きであった。

それに開国皇帝である太祖（朱元璋）の王朝創建に参画した儒者の宋濂と劉基は、二人とも浙江省出身であるが、この金華こそは南宋時代以来、朱子学の正統を伝える中心地であり、宋濂と劉基はまさにこの正統を受け継いだ代表的な朱子学者である。明王朝の創建時、政治制度や儀礼制度の多くは彼らの裁定によって整備されたものが多いが、朱子学がその思想的根底をなしているのは当然である。

太祖はさらに、朱子学の考えと礼教を一般民衆に浸透させることに腐心していた。太祖が「孝順父母＝父母に孝順になれ」から始まる「聖諭六言」を全国の村々に発布して、村々の老人が毎月六回これを住民に読んで聞かせることを命じたのは、そのためである。

太祖はさらに、儒教経典の『礼記』と朱熹の作った『朱子家礼』に基づいて、村々で「飲酒の礼」を行うことで長幼の序を明らかにするために「郷飲酒礼」を制定し、全国に発布した。農村の地域社会で、この「郷飲酒礼」を国家的行事として定期的に行うことを命じたのである。

社会全体への朱子学と礼教の浸透・定着を図る一方、明王朝は科挙制度をきちんと整備し、それを「礼教国家」の根幹にした。特に第三代皇帝の成祖の時代、科挙試験の教科書として使われる儒教経典は、全面的に朱子学の解釈を採用してそれを基準とすることにした。たとえば「四書」の解釈に関しては、朱熹の『四書章句集注』と『四書或問』が標準的な解釈書に指定された。科挙試験でそれと違う答えを出すと当然、不合格となるのである。あるいは『易経』の標準解釈書として、程伊川の『易伝』と朱熹の『周易本義』が採用された。とにかく科挙の世界では朱子学が唯一の真理として尊ばれ、まさに「唯我独尊」の地位を占めたのである。

朱子学・礼教が支配した明清の「暗黒時代」

このようにして、明王朝時代を通して、朱子学と礼教はまさに国家的教学とイデオロギーとなり、科挙の世界から農村の地域社会までを完全に支配するようになったが、明王朝を継ぐ清王朝においても状況はほぼ同じである。明朝と清朝を合わせて、朱子学と礼教が五百数十年間にわたって中国社会と中国人の思想・倫理を支配したわけであるが、先にも触れたように、朱子学と礼教によって統治されたこの五百数十年間は、中国の民衆、特に女性にとって、まさに長い、長い受難の歳月だったのである。

なぜそうなったのかというと、その原因はやはり、「存天理、滅人欲」という言葉によって表現される朱子学と礼教の原理主義・厳格主義にあった。小島毅氏の言葉でいえば（『儒教の歴史』山川出版社）、朱子学が「理至上主義」であって、「理」あるいは「天理」というものを至上の地位に置く一方、「天理」と「人欲」の対立に関しては、「人欲」は「天理」に徹底的に服従しなければならないと考えるのである。そして「人欲」が「天理」への到達の妨げになっているなら、何の躊躇いもなく「人欲」を圧殺すべきであると朱子学は考える。

圧殺すべき人欲の最たるものは何かといえば、やはり性欲がその筆頭に挙げられている。性欲こそが諸悪の根源であって、それを徹底的に管理しなければならないというのが、朱子学の立場である。

しかしその一方、祖先崇拝と子孫の繁栄は、儒教にとって大事なことであるから、性欲を抑制する一方で、子孫の繁栄をどう達成するのかという現実的な問題が浮上してくる。

そこで、朱子学と朱子学を思想的支柱とする礼教が考え出した一つの都合の良い解決法はすなわち、男の性欲は概ね容認するのだが、女性の性欲は徹底的に抑制する、ということであった。つまり朱子学と礼教の世界においては、女性とは男の性欲を満足させて子孫の繁栄を保証するための道具であって、女性自身は性欲を持つこともそれを満足させることも許されないのである。

そうなると、明朝と清朝時代の朱子学・礼教支配の社会においては、たとえば女性が結婚して夫に先に死なれた場合、再婚することは基本的に許されない。再婚して一人の女性として生きていくことよりも、死んだ夫への「節」、すなわち「理」を守っていくことのほうが何十倍以上も大事だと思われるからである。

しかし、夫が先に死んで未亡人が再婚しない場合、この未亡人の生活がどうなるのかという問題が出てくる。

ここで、朱子学と礼教が用意した答えは実に残忍なものであった。いわゆる「程朱理学」の創始者の一人であり、朱熹自身が尊敬してやまない程伊川に関して、このような有名なエピソードがある。

ある人から「餓死の迫った寡婦の再婚は許されるか」と質問されたのに対し、程伊川はきっぱりと、「それは節操を失う行為であり、許すべきではない。餓死の事は極めて小であり、節を失う事は極めて大である」と答えたというのである。つまり程伊川からすれば、女性一人の命よりも「節操を守る」ことは、はるかに「大事」なのである。

もちろん、それは程伊川という一人の男の考えにとどまらず、朱子学および礼教の基本原則となって中国社会を五百年以上支配していたわけである。明王朝と清王朝の二代において、宋代の人である程伊川が発した前述の「餓死事小、失節事大」の言葉は、実は中国では誰もが知っている名言となっていた。そして、女性ならば誰もが守らなければならない社会の掟となっていたのである。

「殉節」と「守節」に追い込まれる中国女性の悲哀

「餓死事小、失節事大」を唱える朱子学と礼教が中国の女性にもたらした禍害は、実に大きい。序章でも述べたように、朱子学と礼教が支配する明王朝と清王朝の五百数十年間、夫に先立たれた女性に許される道は二つしかなかったのである。

一つは、亡き夫の残した遺子がいる場合、嫁ぎ先の家に留まって、遺子を成人するまで育てることである。それと同時に、亡き夫の父母に奉仕しなければならない。

それが「守節」、すなわち「節を守る」ことだという。そして「守節」を貫いた女性は、「節婦」と呼ばれて、朝廷・官府と社会の両方から褒められる。

しかしその一方、女性本人にとっての「守節」は、すなわち母と嫁としての義務を果たしていくだけのことであって、一人の女としての性と幸せを全部捨てていくことである。

それよりもさらに残酷なのが「殉節」である。もし夫の遺子がいない場合、夫に先に死なれた女性に許される道は一つしかない。亡き夫に殉じて自らの命を絶つことである。

要するに、朱子学と礼教の世界では、夫の性欲を満足させその後継を生み、そして子供を育てることが「道具」としての女性の役割であるが、夫が亡くなって子供もいないなら、この女性にはもはや生きる価値はない、死ぬ以外にないのである。そして、このような考えに従って「殉節」を遂げた女性は、官府と社会から、場合によっては朝廷から「烈婦（烈女）」だと認められて大いに表彰されるのである。

このように、朱子学と礼教が盛んであった明清時代の中国社会では、夫に先立たれた女性ほど不幸なものはなかった。「守節」して夫の残した子供と家族に奉仕していくか、「殉節」して自らの命を絶つか、この二つの道しか許されない。人間としての権利、女性としての幸せなどはもってのほかであった。

実は、夫を亡くした女性の「守節」と「殉節」は、礼教によって求められるだけでなく、時の政治権力、すなわち朝廷によっても奨励されたり強要されたりしているのである。

たとえば「守節」に関しては、明王朝の朝廷が皇帝の名義において詔書を出して、「民間の寡婦は、三十歳以前に夫が死亡して五十歳までに守節した場合、本人とその家が朝廷より表彰され、実家はいっさいの労役を免じられる」としている。

あるいは清王朝の時代、第三代皇帝の順治帝御纂の『御定内則衍義(ぎょていないそくえんぎ)』には、女性の「殉節」に関して、こう書かれている。「女子というのはその身がいったん夫に帰せばすなわち夫のモノとなる。夫が死した場合、婦人は未亡人と称され、夫とともに亡ずべきである」と。

つまり清王朝の場合は、単なる奨励ではなく、皇帝の名義において女性に「殉節」を強く要請しているわけである。

明清の朝廷が「守節」と「殉節」の奨励と強要にそれほど熱心だったのは当然、朱子学と礼教が国家的イデオロギーとして絶大な影響力を持っていることの表れでもあるが、政治権力の積極的加担によって、朱子学と礼教はよりいっそう、人々の考えと社会生活を支配する力を増していったのであろう。

女性たちが死を強要された実態とは

それでは、朱子学・礼教と政治権力からの二重の圧力の下で、明清時代の女性が「守節」か「殉節」を強いられたその実態とは、いったいどういうものだったか。以下では、現在活躍している中国人研究者の手によるいくつかの研究レポートを通してそれを見てみよう。

その一つは、中国西北師範大学教師の徐秀玲さんの研究レポートである。彼女は、明王朝時代の山東省・兗州（えんしゅう）府の歴史を記載した『兗州府志・烈女伝』に基づいて、明朝時代の兗州府内における女性の「殉節」の実態をレポートした。

徐さんのレポートによれば、明王朝の時代に入ってから、兗州府の管轄地域において「殉節」を遂げた女性の人数は、『兗州府志・烈女伝』に名前を記載されただけで二六〇名に上ったという。広大なる中国の、兗州府という小さな一地域で、それほど「殉節」を強いられたとはまさに驚きであるが、その中には、たとえば次のようなケースがある。

府内に住む黄中という男に、胡家から嫁いだ若い妻がいた。二人の間には子供がいない。そして妻が二十歳の年に夫の黄中が病死した。そうすると、妻は食もとらず水も飲まずに夫の棺のそばに寄り添い、五日後にはとうとう首を吊って自らの命を絶ったという。

あるいは府内に住む張氏の妻の場合、夫が病死すると、その遺体に寄り添って数日間も慟哭(どうこく)した後、井戸に飛び込んで自殺した。

十七歳のときに陳豪という男に嫁いだ女性は、不美人なので普段から夫に嫌われていたが、それでも夫が亡くなったときには、毒薬を飲んで自決を遂げた。享年わずか二十一だった。

あるいは周氏の妻の場合、二十六歳のときに夫を亡くしたが子がいない。密かに毒薬を飲んで自殺を図ったが家の人に助けられて一命をとりとめた。そこで気を取り直して夫の甥を跡継ぎにして育てていこうとしたところ、不幸なことにこの甥も急死した。周氏の妻は全てを諦めて、夫の墓の前で慟哭した後に首吊り自殺した。

以上は、嫁いでから夫に死なれて「殉節」した女性のいくつかの例であるが、実は、嫁ぐ前に許婚(いいなずけ)の相手が死んだ場合でも、それに「殉節」するケースがある。たとえば、劉家の娘である劉成という名の女性は、十八歳のときに許婚の男が病死した。すると、劉成は数日にわたっていっさいの食を絶って慟哭していた。そして未婚の夫のお葬式の日に、とうとうと首吊り自殺した、というのである。

あるいは、夫を亡くしたときには「殉節」しなかったが、子を亡くしたときに「殉節」を遂げた女性もいる。李氏の妻は二十二歳のときに夫が死に、一人息子を育てながら二十数年も「守節」した。しかし、今度は息子が若くして亡くなった。そこで李氏の妻は、食を完全に絶つことで自死した。

以上は、『兖州府志・烈女伝』に記載されている、「殉節」を遂げた「烈婦」「烈女」たちのいくつかの実例であるが、研究者の徐さんも指摘しているように、そもそもその時代の「烈女伝」というのは、まさに礼教の立場に立って「殉節」行為を賛美し、それを地方の「誇るべき歴史」として記載するものであった。したがって、女性たちの「殉節」に対するそれらの記載は、一様に彼女たちが自分自身の意志で「殉死」を選んだかのように描写して、それを美化しているが、実態は必ずしもそうではない。

たとえば、病死した許婚の男に「殉節」したとされる劉成という女の子の場合、顔すら見たこともない許婚の男の病死に際し、「数日間食を絶って慟哭する」という描写はあまりにも不自然である。どう考えてもそれは、「烈女伝」を書いた人たちによる、美化のための過剰描写であろう。あるいは単なる創作であるかもしれない。

おそらく「烈女」たちの大半は、本当は死にたくなかったであろう。十七歳、十八歳の花盛りの女性が死にたくないのは、むしろ人の情理であり、人の生存欲の発露である。

しかし、朱子学と礼教が殺そうとしているのは、まさに人の情理であり、人の人間的欲求であった。朱子学と礼教が支配する世界では、彼女たちは死すべき存在であって、生きていきたいという生存欲は、最初から無視されているのである。

朝廷から一族まで、周囲からの有形無形の強い圧力の下では、彼女たちは死という道を選ぶしかない。そして、彼女たちが不本意な形で命を絶つと、礼教社会と後世の歴史書は、彼女たちがまったく自分の意志で「殉節」したかのように美化し、彼女たちのことを「烈婦」「烈女」に祭り上げていくのである。朱子学と礼教がどれほど残忍で欺瞞に満ちたものであるかが、これでよくわかるだろう。

二百六十年間で五〇〇万人以上が餌食になった

女性の「守節」「殉節」に関するもう一つの研究レポートを紹介しよう。それは広東省社会科学院研究員の李蘭萍さんが、清王朝時代に広東省の香山県（現在は中山市）で編纂された『香山県志』に基づいて、清朝時代における香山県内の「守節」と「殉節」の実態をレポートしたものである。

ここでは、李さんのレポートで報告された香山県内の「守節」の実態を具体例において見てみよう。

李さんのレポートによれば、明王朝が「守節」に対する朝廷の表彰を明文化しているのと同様、清王朝も表彰制度を整えて、「三十歳以前から五十歳まで守節する」ことを表彰の基準にしている。その影響で、香山県内の女性たちの「守節」はやたらと期間の長いものが多い。

たとえば、県内に住む梁家の女が何家に嫁いでからわずか二年後に夫が急死した。そのとき、夫の残した子はまだ母親の腹の中にいた。女は夫のために「守節」を誓って子供を産んで育てていたが、嫁いだ夫の家はいつか潰れてしまい、親子二人は生活の糧を失うこととなった。しかし、それでも女は節を曲げずに頑張った。彼女はそれから「洗濯婦」として生計を立て、女手一つで子供を成人に育てた。そして七十歳のときに朝廷によって表彰されたのである。

あるいは方潤という男の妻の場合、二十一歳のときに夫を亡くした。それ以来、「守節」して三人息子を育てていくこととなったが、不運なことに姑は性格が悪く気性の激しい人だったので、嫁に対する虐めは日常茶飯事であった。それでも嫁はじっと耐えて姑に孝順を尽くした。そして夫を亡くしてから五十数年、毎年の夫の忌日や清明節になると、必ず夫のお墓の前で終日慟哭したので、「節婦」としての名声が遠くまで届いたという。

女二代にわたって「守節」を貫いた家もあるという。県内の乾霧村の人妻である黄氏は、二十八歳にして夫を亡くして「守節」を始めた。夫が残したのは女の子一人である。黄氏はこの子を大きく育ててから、隣の村の趙氏の許婚にしたが、嫁ぐ前に未婚の夫が死亡した。すると、黄氏の娘は嫁ぎ先の趙家へ行ってそのまま「守節」し、顔も見たことのない「夫」のために、女性の一生を「未亡人」として送ったのである。

許婚の相手が死んだことで、十歳から「守節」した女性もいる。麦瑞安という男の許婚となった女性は、十歳のときに未婚の夫が亡くなった。そこで彼女は十歳から十六歳までは、まず実家の父母の下で「守節」を命じられたが、十六歳のときには両親の命によって許婚の家へ赴いて「守節」を続けた。そして四十五歳のとき、結婚もしていない「夫」の家で、その「守節」だけの人生を終えた。何という哀れな女性の一生だったのか。

香山県内でこのような惨めな人生を送った女性がどれほどいるのか。李蘭萍さんの研究レポートによれば、清王朝晩期の同治帝時代に編纂された『香山県志』に記載されている歴年の「節婦」「烈婦」の人数は、五四四五人にも上っているという。

清王朝時代、行政区としての県は全国で二〇〇〇以上もあるが、その中の一つの県だけで、清朝一代を通して五〇〇〇人以上の女性たちが「守節」か「殉節」を余儀なくされたわけである。

あるいは安徽省中国共産党委員会党学校所属の王伝満さんという学者の研究レポートによると、たとえば安徽省休寧県の場合、清王朝一代を通して二二〇〇人ほどの「節婦」「烈婦」が表彰されたという。

同じ王伝満さんの研究レポートが記すところでは、山西省の太原府・平陽府・蒲州府の三地方では、清朝一代において表彰された「節婦」「烈婦」の人数は実に、一万四九二八人に上っている。

山西省の三つの地方だけで「節婦」「烈婦」が一万五〇〇〇人近くも出たとは、まさに驚くべきことであるが、それではたとえば清朝一代で、いったいどれくらいの女性が朱子学と礼教の餌食になったのか。

さまざまな資料を調べても、全国規模の数字はなかなか出てこないが、すでに入手した地方の数字に基づいてある程度の試算は可能である。

前述したように、広東省香山県の「節婦」「烈婦」の人数は五四四五人であること、安徽省休寧県のそれは二二〇〇人ほどであることが、中国人研究者の研究レポートでわかった。この二つの県の数字の中間をとって、一つの県から出る「節婦」「烈婦」の平均人数が三〇〇〇人とすることができる。そして清朝時代の全国の県はおよそ二〇〇〇以上あるから、三〇〇〇人に二〇〇〇を掛けると、何と「六〇〇〇万人」というびっくり仰天の数字が出てくるのである。

もちろん、ここでは誤差を考慮に入れなければならないが、たとえば一〇〇万人の誤差を入れて計算しても、清王朝が中国を統治した二百六十数年間、この中国の中では五〇〇万人以上の女性たちが、朱子学と礼教と政治権力からの無言と有言の圧力の下で、自らの命を絶つか、女を捨てて「守節人生」を強いられたのである。

「二百六十年間で五〇〇万人以上」とは、要するに平均して毎年約二万人の「節婦」「烈婦」が出てくるという話である。朱子学と礼教が支配した当時の中国が、どれほど残酷にして非人間的な社会だったかを如実に示す数字である。

第四章

朱子学を捨て、『論語』に「愛」を求めた日本

朱子学に反抗した中国知識人たちは「微弱」

前章では、明清時代の五百年以上にわたって中国を支配した朱子学と礼教が、その峻烈な原理主義と非人間性のために、この二つの王朝時代を生きた人々、とりわけ女性たちにどれほどの被害を与えたのかを見てきた。私見ではあるが、朱子学と礼教こそは、中国五千年の歴史の中で生まれた最悪にしてもっとも非道な学問・イデオロギーであると思う。

もちろん、明清時代を生きた知識人の中にも、朱子学と礼教に疑問や反発を感じたり、そこから離脱しようとしたりした人もいる。

たとえば明朝の中期を生きた王陽明の提唱した陽明学は、形骸化した朱子学への批判から出発したものである。人間の上に君臨する絶対的な「天理」よりも、人間の心に宿る「良知」に信頼をおく陽明学は、ある意味では朱子学によって切り捨てられた人間性の回復を目指したものであろう。

明朝の晩期を生きた陽明学左派の李卓吾（りたくご）となると、人間の情と欲望に「童心」という名の純真性を見出してそれを大いに肯定し、人欲を否定する朱子学に公然と反旗を翻したのである。

そのために、李卓吾は弾圧を受けて投獄され、七十六歳の高齢にして獄中で自殺を遂げた。この李卓吾こそは、明清時代において朱子学と礼教に正面から反抗し、そして押し潰された知識人の代表格である。

あるいは清朝時代の戴震という知識人も、李卓吾ほど過激ではないが、朱子学と礼教に大いなる疑問を感じた一人である。戴震は清朝時代の考証学の確立者であり、朝廷の中で四庫全書纂修官、翰林院庶吉士を務めた、その時代の代表的な知識人である。

彼は、朱子学の理気二元論に反対して気一元論の「気の哲学」を唱えるが、その意図は明らかに、朱子学と礼教がよりどころとする「理」の絶対性をひっくり返すことによって、そのまま「気」である人間の欲望や感情の復権を図ったものである。

その一方、戴震は、「以理殺人」（理を以って人を殺す）という言葉を使って、朱子学と礼教に対する厳しい批判を展開した。彼からすれば、「存天理、滅人欲」を叫ぶ朱子学と礼教は、まさに「理」というものを武器に人の欲望を滅ぼして人を殺すものである。

その際、「以理殺人」とは具体的にどういうことなのかについて、戴震は言及していないが、前章で取り上げた女性の「殉節」が、おそらくその念頭にあったのではないかと推測できる。毎年、万単位の数の女性を「守節」「殉節」に追い込むその時代の礼教は、まさに「以理殺人」そのものである。

以上は、朱子学と礼教が猛威をふるった、明清時代における朱子学と礼教に対する反発の動きであるが、全体的に見れば、それは散発的で微弱なものであるといわざるを得ない。

考えてみれば明清時代の五百年間、本気で朱子学と礼教に向き合い、批判した主たる知識人はただの二人、明朝時代の李卓吾と清朝時代の戴震のみである。もちろん、この二人の力だけで、朱子学と礼教の支配的地位を揺るがすのはまず不可能である。

明清時代に大きな勢力をなした陽明学はといえば、それは決して朱子学との全面対決を目指したものではなかった。朱子学とは学問の立脚点が違ったものの、朱子学と礼教の「以理殺人」に対しては、ただ目をつぶっていただけである。

このようにして、中国という国と中国人は、明清時代の五百年間の長きにわたって朱子学と礼教の抑圧を受けていながらも、ついに朱子学と礼教から一歩も脱出することができなかった。知識人が朱子学の奴隷となり、民衆が礼教の奴隷となっているのは、まさにあの五百年間における中国の真実だったのである。

朱子学を取り入れつつ、完全離脱した日本

それに対して、中国から朱子学をいったん学び入れておきながら、そこからの完全離脱を果たすことができたのは、実は清朝とほぼ同時代に生きた江戸時代の日本人である。

儒教が日本に伝わってきたのは、日本史上の飛鳥時代であると思われる。本書と同じPHP研究所から刊行された拙著『なぜ日本だけが中国の呪縛から逃れられたのか』で詳しく論じたように、その時代から近世の江戸時代まで、日本人は仏教の導入とその日本的展開に熱心であったが、儒教に対しては極めて冷淡であった。日本人が真剣に儒教を受け入れ始めたのは、江戸時代になってからのことである。

戦国時代の乱世に終止符を打って天下統一を果たした徳川家康は、安定した政治

的仕組みを作っていくために、儒教を幕府の政治理念として取り入れた。そのとき、朱子学が中国・朝鮮を含めた東アジアの世界では支配的地位を占めていたから、幕府の導入した儒教は、もはや飛鳥時代に日本に伝来したような伝統的儒学ではなく、時代のトレンドとなった新儒学、すなわち朱子学であった。

かくして、朱子学は一時、日本の思想界を支配することになったが、幸いなことに、日本人は朱子学を受け入れながらも、それとペアになっている「礼教」にはまったく興味を示さなかった。

日本の風土は、人間性を大事にし、生きる欲求を肯定し重んじる。とりわけ江戸の社会では、庶民から支配階級である武士に至るまで、そのような価値観が横溢していた。どう考えても、「滅人欲」と「以理殺人」の礼教を受け入れる素地がなかったのであろう。

たとえば礼教によって求められる女性の「守節」や「殉節」などは、江戸時代の日本人にとって、ただのおとぎ話の世界のことだっただろう。何しろ、徳川二代将軍秀忠の御台所（正室）は二度の結婚（最初は離縁、二度目は死別）を経て将軍家に嫁いだ人だった。この時代の日本人には、「守節」「殉節」などというケチな考え方は微塵もないのである。

そもそも日本は、その長い歴史を通して、「以理殺人」を嫌う歴史を積み重ねてきた。夫が死んだときに妻が「殉死」を強いられるような環境など、日本にあっただろうか。もちろん皆無ではなかったかもしれないが、しかし、それを社会が美化して暗黙のうちに強制するようなことが広く行われることはなかったのではないか。

何しろ日本では、古くは第十一代の垂仁天皇が殉死を禁止して埴輪の風習が始まったと『日本書紀』に書かれているほどである。さらに、江戸幕府四代将軍徳川家綱も殉死禁止を打ち出し、後に武家諸法度で本格的に禁止されているのである。

しかも日本人は、「女性だけを殺せばいい」などといった、野蛮な考え方は持たなかった。むしろ女性を尊重する文化を培ってきた。幕末に日本を訪れたペリーも、その点を次のように記しているほどである。少し長くなるが引用しよう。

「日本社会には、ほかのすべての東洋の国民にはない、優れた特質がある。それは女性が伴侶（はんりょ）として認められ、たんなる奴隷として扱われてはいないことである。女性の地位がキリスト教の規範の影響下にある国ほど高くないのは確かだが、日本人の母、妻、娘は中国とは違い、たんなる動産でも家内奴隷でもなく、トルコのハーレムに買われた女性のような、気まぐれな快楽の対象でもない。一夫多妻制度がないという事実は、日本人があらゆる東洋諸国民のなかで最も道徳的で洗練された国民であるという、優れた特性を示す顕著な特徴である。この恥ずべき習慣がないことは、女性の優位性ばかりでなく、家庭道徳が広く普及しているという当然の結果にも現れている。

既婚女性が常に忌まわしいお歯黒をしていることを除けば、日本女性の容姿は悪くない。若い娘は格好が良くて美しく、立居ふるまいも活発で自主的である。これは、女性が比較的高い敬意を払われていることから生じる品位の自覚からきている。日常の友人や家族同士の交際には女性も加わり、合衆国と同じように日本でもさかんに互いの家を訪問し合い、茶会を催す。提督一行の面前で平伏した女性たちの態度は、隷属を示すのではなく、外国人に対する敬意の表れと考えるべきであろう。日本の大きな町や都市に大淫楽街があることは、当然ながら想像できる。なにしろ、不幸なことに、そういうことはあらゆる大都会の普遍的法則なのだから。しかし、日本女性の名誉のために言っておかなければならないが、艦隊が江戸湾に滞在した全期間を通して、ときおりあれこれの乗組員が女性と接触することがあったが、女性の側にはよくある淫蕩放埒の風がまったく見られなかった」(M・C・ペリー著、F・L・ホークス編纂、宮崎壽子監訳『ペリー提督日本遠征記 下』角川ソフィア文庫)

前章で見てきた中国の女性たちの悲劇的な姿とは正反対の姿が、ここには書かれている。日本の女性は、すでに江戸の社会でも高い敬意を払われ、道徳的であり、自主的であり、活発であり、格好が良くて美しかったのだ。

大いに朱子学に反旗を翻す日本人儒学者たち

しかも日本の場合、このように「礼教」の残酷さを嫌う気風は、なにも庶民だけのものではなかった。朱子学を推進するべき立場にあった儒学者たちも、中国人の学者たちとは違い、大いに朱子学に反旗を翻していくのである。

もちろん、江戸幕府の初期に厚遇されたのは朱子学者たちであった。儒教を幕府の政治理念としようと考えた家康が起用した林羅山も、その師の藤原惺窩も、朱子学者である。

羅山は藤原惺窩から朱子学を学び、それを正統な儒教理論として幕府に持ち込んだ。そして羅山自身が家康から家綱まで、四代の将軍の侍講を務めたことから、朱子学が幕府の中では公式の儒学としてしっかりと定着していった。

羅山の後には、彼の流れを汲(く)む朱子学者の木下順庵が五代将軍の綱吉に仕え、同じ朱子学者の新井白石が六代将軍家宣(いえのぶ)、七代将軍家継の政治顧問を務め、同じ朱子学者の室鳩巣(むろきゅうそう)が八代将軍吉宗に仕えた。

このような流れの中で、朱子学は当然のごとく幕府の支配的イデオロギーとしての地位を高めていった。やがて寛政年間の「寛政異学の禁」によって、朱子学は幕府における唯一無二の官学としての地位を確立した。

前述のように、礼教は日本人によって拒否されていながら、朱子学だけが幕府の政治的力によって導入され、日本の官学となった。この流れの中で、民間の思想界においても朱子学が一時、圧倒的な勢力を持つこととなった。

江戸前期、在野の朱子学者である山崎闇斎(あんさい)は全国的な名声と影響力を持つようになって、門下生六〇〇〇人を擁するような勢力を作り上げた。その一例からも、当時の朱子学の隆盛がうかがえる。

そして、荻生徂徠（おぎゅうそらい）や伊藤仁斎（じんさい）、山鹿素行（やまがそこう）など、江戸時代前期を代表するような思想家はことごとく、朱子学を学ぶことから学問をスタートし、学者生涯の初期段階ではほとんど例外なく朱子学の信奉者だった。

しかし、大変驚くべきことに、朱子学から出発したこれらの代表的な思想家たちは、やがて朱子学から離反して、朱子学に背を向けていくこととなる。日本人は朱子学を受け入れたその直後から、朱子学に対する批判をすでに始めたのである。

たとえば、山鹿素行が朱子学の諸概念を批判した『聖教要録』という書物を刊行したため、幕府から処分を受けたのは有名な話である。また、荻生徂徠の場合、朱子学が古代の経典に対する歪曲（わいきょく）の上に成り立つ学問であると批判した。同時に、儒学の根本である「道」を堯・舜などの古代帝王の作為した「礼楽刑政（れいがくけいせい）」にさかのぼって求めることで、朱子学だけでなく、漢代以来の儒教を含めた「道統」そのものを完全に否定した。

『論語』との矛盾に気がついた伊藤仁斎

江戸前期を代表する学者の中で、朱子学に対してもっとも根本的な批判を展開したのが、京都に住む在野の思想家の伊藤仁斎である。

前述のように、仁斎はもともと朱子学からスタートした学者である。十一歳のときに仁斎は、朱子学の経典の一つである『大学』を読んで大いに感激し、朱子学でいう「格物・致知・誠意・正心・修身・斉家・治国・平天下」の「八条目」を自らの信条にした。そして最初の「格物・致知」から自らの修行を始めたが、そこから得たものは何もなく、自らの精神状態を文字通りのノイローゼに追い込んだだけであった。

このような極端な苦悶の中で、仁斎はやっと一つ、重要なことに気がついた。

朱子学は、孔子の開いた儒学の伝統を受け継いで「八条目」の世界を作り上げた、とよくいわれる。だが、先聖の孔子が残した『論語』を上から読んでも下から読んでも、朱子のいう「格物・致知」も「誠意・正心・修身」も「治国・平天下」も、何一つ書かれていないではないか。ましてや孔子は、「存天理、滅人欲」のような過激な言葉を発したことは一度もなく、人間味溢れる孔子はただ、人間が豊かな人生を送るためにどうすれば良いのかを淡々と語っているだけである——。

つまり、朱子学の唱える峻烈な原理主義とその実践法は、儒教の始祖とされる孔子の考えとは全然違うのではないかと仁斎は気がついたのである。そしてそこから、仁斎は朱子学に対する彼自身の離反を始めたのである。

仁斎はまず、『論語』に書かれていないことを、朱子学はいったいどうやって「儒学の基本」として唱えることができたのか、という疑問から入った。仁斎が出した結論は、朱子自身が『論語』や『孟子』などの儒学古典に対して間違った読み方をして、間違った解釈を行ったことから問題が生じてきたのではないか、ということであった。

朱子学の創始者である朱子自身の主著となるのは『四書集注（ししょしっちゅう）』であり、朱子学のバイブルともいわれるが、この『四書集注』の内容は結局、『論語』や『孟子』などの儒学古典に対する朱子自身の注釈と解説ばかりである。つまり、朱子が、『論語』や『孟子』などの儒学古典に対する独自の注釈と解説を通して朱子学という思想体系を作り上げたわけであるが、仁斎から見れば、朱子の行ったこの独自の注釈と解説には、儒学古典に対する曲解もしくは歪曲がある。

そして、朱子学の峻烈な原理主義思想はまさに、このような恣意的な曲解・歪曲から生まれたものである。したがって、朱子学による儒学古典の曲解や歪曲を一度洗い落として、儒教思想の本来の姿を取り戻すべきだ、と仁斎は考えた。

そのために彼が開発した独自の学問の方法とは、朱子学による古典の注釈や解釈を無視して、『論語』や『孟子』に書かれている古(いにしえ)の言葉をその本来の意味において理解し会得することだった。それがすなわち、仁斎の「古義学」というものである。『論語』や『孟子』に書かれている古の言葉を、その本来の意味(すなわち古義)において理解する。そうすることによって、朱子学による曲解をさっぱり綺麗に洗い落として、儒学の原点に戻る。

まさにこのような学問の作業を通して、仁斎の古義学は朱子学というものを完全に否定し、儒学の原点を理解するための邪魔ものとして、それを切り捨てたのである。

仁斎が取り戻そうとした「愛」の原理

では、仁斎が取り戻そうとした儒学の原点とは何であったか。それは仁斎自身が「最上至極宇宙第一の書」と絶賛する『論語』と、仁斎自身が『論語』から読み取った「愛」の原理である。

『論語』から読み取ったこの「愛」の原理について、仁斎はその主著の一つである『童子問』においてこう語る。

「仁の徳為る大なり。然れども一言以て之を蔽う。曰く、愛のみ。君臣に在っては之を義と謂い、父子には之を親と謂い、夫婦には之を別と謂い、兄弟には之を叙と謂い、朋友には之を信と謂う。皆愛より出づ。蓋し愛は実心に出づ。故に此の五つの者、愛よりして出づるときは則ち実為り、愛よりして出でざるときは則ち偽のみ」(清水茂校注『童子問』岩波文庫。新字は引用者)

仁斎はここで、「仁」や「義」、あるいは「信」といった儒学の基本概念、あるいは儒教の基本的な徳目を羅列した上で、その背後にある共通の原理は「愛のみ」というのである。

君臣という政治関係から父子という親族関係まで、夫婦という結合関係から朋友という交遊関係まで、すべての人間関係を支える根幹的なものは、人間の心から発する「愛」という感情である、と仁斎は考える。愛があるからこそ、君臣が「義」によって結ばれ、父子が親しくなって、朋友は互いに信頼しあうのである。愛がないなら、仁も義も信も、ただの「偽」となるのである。

一つ大変重要なのは、ここでいう「愛」とは、具体的な人間関係から離れたところの抽象概念でもなければ、人間の心に外から君臨するような絶対的な原理でもない、という点である。愛というのはまさに、君臣や父子、夫婦、朋友といった具体的な人間関係において、生身の人間がその心から発する真情そのものである。

こうして仁斎は、自らの儒学の中心にこの人間の真情としての愛を据えることによって、中国儒学の原点となる「仁」や「義」などの概念に、より深い解釈を与えたのである。

それと同時に、仁斎は、新儒学としての朱子学を原理的に完全に否定した。一人一人の人間の心から発する真情としての「愛」は、絶対的な原理として外から人間の心を支配しようとする朱子学の「天理」とはまさに正反対なものだからである。「愛」を儒学の中心に据えるならば、人間性と人間感情を殺そうとする朱子学を頭から拒否しなければならないのである。

「朱子学の理は残忍酷薄」という痛烈な一撃

実際、仁斎は著述のいたるところで、朱子学の「理」に痛烈な批判を浴びせている。たとえば、仁斎が『童子問』において、「凡そ事専ら理に依って断決するときは、則ち残忍刻薄の心勝って、寛裕仁厚の心寡し」（清水茂校注、前掲書。新字は引用者）と語ったことはその一例である。

仁斎はここではっきりと、朱子学の「理」はまさに「残忍刻薄の心」の生じる根源であると示唆した上で、「理に依る」ような人は結局「寛裕仁厚の心寡し」と断言しているのだ。「理」というものを振りかざして人間性を殺していく朱子学の峻烈な原理主義に対する痛烈な一撃であろう。

このようにして、朱子学に決別を告げた仁斎は、朱子学が儒学の古典に対する歪曲の上に成り立ったインチキ学問であると喝破する一方、朱子学の「天理」とは対極にある「愛」の原理を掲げて、人間性否定の朱子学にとどめの一撃を与えた。

そしてその結果、幕府の政治力によって官学に祭り上げられてからわずか半世紀後、朱子学は京都に住む在野の一学者に反旗を翻され、きっぱりと切り捨てられることになったのである。

考えてみれば、日本の良き伝統が綿々と受け継がれる京都の町人社会の、その自由闊達な気風と文化的豊かさの中で育った仁斎が、中国流の峻烈な原理主義の朱子学から離反したのは、むしろ自然の成り行きであっただろう。仁斎の造反によって日本人は、江戸思想史における「脱朱子学」の決定的な一歩を踏み出したのである。

その中でも、朱子学の「理」に対する仁斎の批判はまさに正論であって痛快でさえある。朱子学の原理主義に対して仁斎が投げつけた「残忍刻薄の心」の一言によって、中国の朱子学と礼教の本質が端的に表現されたのである。

仁斎が同時代の中国で流行している「殉節」や「守節」の実態を知っていたかどうかは定かではない。だが、彼のこの一言はある意味では、礼教によって殺されていった何千何万の中国人女性の心を代弁していると思う。伊藤仁斎は偉大である。

仁斎によって到達した朱子学への離反は、日本の思想史上で大きな意味を持つだけでなく、中国本土を含めた東アジア全体の思想史上においても大きな意義を持つ出来事であろう。何しろ、中国の明清時代を完全に支配し、隣国の李氏朝鮮時代をも完全に支配した朱子学が、この日本において本格的に論破され、そして徹底的に否定されたわけである。

本来、中国人自身がなすべき大仕事を、日本の江戸時代の一「町学者」である伊藤仁斎が成し遂げたのである。

『論語』はまさに「善の書」である

それだけでも、伊藤仁斎は東アジア史上の偉大なる思想家と称されるのにふさわしい人物であると思うが、実は本書の視点からすれば、伊藤仁斎の仕事にはもう一つ、思想史的に大きな意味がある。

伊藤仁斎は、中国儒教の到達点である朱子学を徹底的に否定した上で、儒学の原点を孔子の『論語』に求めたことは前述したとおりであるが、本書の理論的立場からすれば、このことには実はもう一つ、あまりにも大きな意味があるのだ。

儒学の原点を孔子の『論語』に求めたことで、仁斎は実質上、孔子以後の儒学あるいは儒教、少なくとも「亜聖」である孟子以後の儒学・儒教が本物の儒学・儒教ではないと認識するに至った。要するに、仁斎はここでは、『論語』の精神と、後世の儒教や朱子学とは別のものであることを、自らの慧眼(けいがん)をもって看破したのである。

仁斎が『論語』から見出し、もっとも評価しているのは「愛の原理」であるが、権力への奉仕を本務とする漢代の儒教に「愛」があるわけもないし、「以理殺人」の朱子学はなおさら、「愛の原理」とは正反対のものであろう。「愛の原理」を『論語』の基本精神だと認識したことで、仁斎は明らかに、漢代以来の儒教や朱子学は孔子の『論語』とは異質なものであることに気がついたのである。

だからこそ仁斎は、『論語』のことを「最上至極宇宙第一の書」と推奨して、そこから儒学の原点を見出しているのであろう。

しかしそれでも仁斎はやはり、儒学・儒教の枠組みの中で『論語』のことを考えている。「『論語』こそは儒学の原点、本物の儒教」といったところで、仁斎は依然として『論語』と儒学・儒教とを混同しているのである。『論語』と後世の儒学・儒教との根本的な違いを認識しておきながらも、仁斎は結局、儒教のいう「道統論」の枠組みを最終的に越えることができなかった。

そういう意味では、「『論語』は『論語』、儒教は儒教」をキーワードにした本書の論述は、江戸時代の学者大先輩である伊藤仁斎の仕事を受け継いで、それを発展させたものであると自負している。中国出身の筆者としては、日本の思想家・伊藤仁斎の後を継いで朱子学を批判し、孔子と『論語』の原点を見出すことができたことを、誇りに思いたい。

そして何よりも重要なのは、やはり伊藤仁斎が看破したように、孔子の『論語』の精神は、朱子学を含めた後世の儒学・儒教とは別のものだ、ということである。

もちろん、権力への奉仕を目的とする漢代以来の儒教よりも、「以理殺人」を本領とする朱子学や礼教よりも、「愛の原理」によって貫かれる『論語』のほうが何百倍、何千倍も良い。特に朱子学と『論語』とを比べてみた場合、前者が「悪の学問」であるなら、後者はまさに「善の書」であろう。

最終章 『論語』はこう読もう

儒教を捨て、『論語』を大いに読もう

本書はこれまでの章で、まず『論語』とは何かを論じ、次いで『論語』と儒教とは実は別々のものであることを論じてきた。

そこでわかったことは、『論語』という書物は聖典でもなければ経典でもなく、春秋時代に生きた孔子という知恵者が語る常識的な人生論、処世術であるということである。内容的にも体裁的にもそれは当然、後世に生まれた学説としての儒学とも、国家的イデオロギーとしての儒教とも、まったく異なっているのである。

儒学は、戦国時代に生きた孟子という人が「性善説」に基づいて作り上げた学問の体系であるが、前漢の時代、中央集権制の国家権力とその頂点に立つ皇帝の地位が確立されると、孟子の流れを汲んだ儒学者たちは国家権力に奉仕する立場から、孔子の『論語』とは無関係のところで「天人相関説」や「性三品説」などの「学説」を生み出して、国家権力と皇帝の地位の正当化に貢献した。そしてそれとの引き換えに、国家的教学としての支配的地位を皇帝から与えられ、国家権力を支えるイデオ

ロギーとしての儒教となったのだ。

その一方、儒学者たちは孔子の名前を盗用する形で「五経」と称する経典を作り上げて、儒教の理論的体系化を図った。しかし彼らは、こうして孔子の名声を利用しておきながら、孔子の考えを伝える唯一の書物である『論語』を儒教の「五経」から排除した。

こうして見ると、「五経」に理論的に依拠して権力への奉仕を目的とする儒教は、孔子という人とも、孔子の言行録である『論語』とも、何の関係もないことは明々白々である。しかしながら前漢以後の歴代王朝において、孔子の名前を盗用して出来上がった儒教は、ずっと中国の思想と学問を支配してきた。

時代が下って南宋の時代になると、朱熹（朱子）という人物が、北宋以来の儒教復興運動を集大成して、後世いうところの朱子学、すなわち新儒学の理論的体系を作り上げ、新儒教としての礼教を成立させた。その中で朱子は、前漢以来の儒教を否定して、それを「儒教の道統」から外す一方、自分に繋がる「道統」を作り上げるために、その繋ぎ役の一つとして孔子を登場させ、『論語』を儒教の経典（四書五経）に数えることにした。

それはまた、朱子学による孔子と『論語』の身勝手な利用であるが、「理気二元論」に基づく朱子学と、「存天理、滅人欲」を理念とする礼教は、常識人である孔子の考えや『論語』の精神とはまったく別のもの、というよりも正反対なものであることは明らかである。

日本の江戸時代に生きた伊藤仁斎が指摘したように、『論語』を上から読んでも下から読んでも、朱子学が唱えるような思想や学説は一行も書かれていない。

このようにして見ると、前漢時代に生まれた儒教にしても、南宋時代に成立した朱子学と礼教にしても、後世にいうところの儒学・儒教は、孔子および『論語』とはまったく別のものであることは明々白々であるが、さらに重要なのは、現代に生きるわれわれにとって、読む価値があるのは孔子の『論語』であって、儒教や朱子学の類のものはほとんど何の意味もない、ということである。

それは、当然だろう。中国の前漢の時代に、「皇帝の権力に奉仕するため」に生まれた儒教が、今に生きるわれわれと、いったい何の関係があるのだろうか。「存天理、滅人欲」を理念として人間性の抑圧を唱える朱子学と礼教に、現代社会を生きるわれわれは、いったい何の用があるというのだろうか。

政治権力への奉仕を本領とする御用教学の儒教は、現代社会においてはまさに古代の遺物、現実的な意味はまったくない。そして、明清時代の中国女性を「守節」や「殉節」に追い込んだ原理主義の礼教は、現代的な意味を持たないだけでなく、有害なる「悪しき廃棄物」であることは明らかだ。

このような儒教と比べると、われわれにとって依然として意味があって、読んでおくべきなのは、やはり孔子の『論語』である。

『論語』は決して不滅の経典ではない。にもかかわらず、今でもわれわれは、それを一度は読んでおく必要がある。なぜかというと、人はどのようにして自分自身を高めていくべきか、人は社会の中で生きていくためにどのようにして人間関係を築くべきなのか、人は穏やかで豊かな人生を送っていくためにどうすべきなのかなど、われわれすべての人間にとって重要であるはずの諸問題について、「常識の書」である『論語』は多くのことを教えてくれ、多くの示唆を与えてくれるからである。

それでは『論語』はわれわれに、いったい何を教えてくれるのか。われわれは自分自身のために『論語』をどう読むべきなのか。以下では、こういったことを具体的に見てみることにしよう。

「君子不器」がわかれば、豊かな人生が開かれる

たとえば、私自身が好きな『論語』の言葉には、次のようなものがある。

『論語・為政第二』「子の曰わく、君子は器ならず」

金谷治氏はそれを現代日本語にこう訳す。

「先生がいわれた、『君子は器ものではない。〔その働きは限定されなくて広く自由である。〕』」（金谷治訳注『論語』岩波文庫）

あるいは加地伸行氏の現代日本語訳はこうである。

「老先生の教え。教養人は一技・一芸の人ではない。〔大局を見ることのできる者である。〕」（加地伸行全訳注『論語〈増補版〉』講談社学術文庫）

「君子は器ならず」に対する両氏の訳と解釈は多少違っているが、「器ならず」という言葉への解釈としては、加地氏の「教養人は一技・一芸の人ではない」がもっともわかりやすいと思う。

そして、両氏の解釈を総合してみれば、孔子がここで言いたいことは要するに、君子＝教養人たるものは自らの働きを一技・一芸に限定すべきではない。もっと広い教養を身につけて、広くいろいろなところで能力を発揮すべきである、ということであろう。

現代社会に生きるわれわれにとっても、それは示唆に富む言葉であろう。もちろん、さまざまな職業に細分化されている今の社会において、われわれは生きていくために一技や一芸を身につけておく必要もあるだろう。つまり、われわれは生活の糧を得るために、あるいは具体的な形で社会の役に立つために、何らかの専門知識や技術を身につけておくべきだ。専門家であったり技術者であったり板前さんであったり大工さんであったりして、いわば「この道の達人」となったほうが良いし、そのために努力を惜しむべきでもない。

しかしながら、人生というのは自分自身の一度だけの人生である。われわれは何らかの専門技術を持った「この道の達人」となっただけで、この一度限りの人生に満足できるのかとなれば、話はまた別なのである。

よく考えてみれば、専門技術を持つことにしても、「この道の達人」であることにしても、それは人生を生きていくための手段であって、人生の目的ではないはずである。より豊かで満足のいく人生を送っていくためには、われわれは何らかの専門家や技術者である以外に、あるいはそれ以上に、社会や人生についてさまざまな問題意識を持ち、歴史や芸術や大自然などのさまざまな領域の世界に興味を持ち、そして家族や友人やその他の多くの人々と交流して、多彩な社会生活を体験しておくべきであろう。

つまり、「一技・一芸」はわれわれの人生のための手段であっても、われわれの人生はそのためにあるわけではない。孔子のいう「君子は器ならず」は、まさにこのことを言い表しているのではないかと私は思う。

「器」といえば、たとえば茶碗はその一つである。茶碗は確かに、ご飯を食べる道具として人のためにあって、人の役に立っている。それはある意味では、われわれが技術者であったり板前さんであったり大工さんであったりとするのと同じである。

しかし、われわれは人間であって、ただの茶碗ではない。茶碗は人がご飯を食べるための道具以外の何物でもなく、それ以外に何の役にも立たないし、何の存在意味もない。それに対して、われわれ人間一人一人は、技術者や板前さんや大工さんである以上に、あるいは教師や弁護士や商社マンである以上に、それらの職業の持つ意味以上に大事な存在なのである。

家庭にあっては、われわれは代わりのない大事な父親であったり、母親であったり、大事な息子であったり、娘であったりする。世の中にあっては、われわれは社会を支える善良なる市民であったり、良識ある有権者であったりする。芸術の世界においては、われわれは創造者であったり、人の作った作品の鑑賞者であったりする。大自然の中では、われわれは森林の中や湖畔を散策する人であり、森林や湖という自然を守っていく人でもあるのだ。

このような多色多彩な人生を送ることで、われわれ自身も満足できるし、社会全体も豊かになっていくだろう。

その出発点がまさに、『論語』の語る「君子は器ならず」なのである。別に「君子」

でなくても、われわれ一人一人はただの「器」ではなく、「器」以上の人生を送っていくべきであろう。孔子と『論語』は、「君子不器」という、漢文にしてわずか四文字の短い言葉をもって、この大事なことをわれわれに教えてくれているのである。

『論語』が教える、教養の深め方と人間的向上の仕方

しかし、孔子のいう「君子は器ならず」のような教養があって幅の広い人間になるために、われわれはどうすべきなのか。『論語』は当然、教養の深め方をわれわれに教えてくれている。

『論語・泰伯第八』には、次のような言葉がある。

「子の曰わく、詩に興こり、礼に立ち、楽に成る」

金谷治氏の現代日本語訳はこうである。

「先生がいわれた、『〔人間の教養は〕詩によってふるいたち、礼によって安定し、音

楽によって完成する。』」（金谷治訳注、前掲書）

ここでの「詩」を文学一般に拡大すれば、孔子の語る教養を深める方法は現代のわれわれにも通じるものであろう。若い頃から文学に親しみ、世の中の礼儀作法をきちんと学んで身につけ、そして年を取ってからはモーツァルトやショパンやベートーヴェンを聞き、その深さの中で人生に対する自分自身の理解を深め、人格をより円満なものにしていくのである。

中国の文化大革命の時代に生まれて育った私自身は、その通りにはならなかったが、少なくとも自分の息子にはこのような教養教育を施してやりたい。そしてわが子を、孔子が言ったような、人間性が豊かで人格が円熟した教養人に育てていきたいものである。

人間の成長にとって、このように教養を深めていくことも大事であるが、その一方で、人間は社会の中で生きているから、自分自身を高めていくためには、人から学ぶことも大事であろう。これに関して、『論語』には次のような示唆に富む言葉がある。

『論語・里仁第四』「子の曰わく、賢を見ては斉しからんことを思い、不賢を見ては内に自ら省みる」

金谷治氏は孔子のこの言葉を現代日本語にこう訳している。

「すぐれた人を見れば同じようになろうと思い、つまらない人を見たときにはわれとわが心に反省することだ」（金谷治訳注、前掲書）

私自身、孔子のこの言葉には非常に感銘していて、自分自身の座右の銘にしておきたいほどである。

まずは、「賢を見ては斉しからんことを思い」について考えてみよう。普通の社会生活の中でも、われわれの周辺には、自分よりもすぐれた人はいくらでもいる。能力が自分より優れた人、知識が自分より豊富な人、性格が自分より円満な人、人間関係が自分より上手な人、などなどである。

　こういう自分の周辺の優れた人に対し、われわれはどういう態度をとるべきか。その際、われわれが無自覚にとってしまう良くない態度の一つは、こういう人と自分との間に超えられない壁を作って、「あの人にはどうせ敵わない」とか、「自分はいくら頑張ってもあのようになれない」とか思ってしまうことである。しかしそういうふうに思ってしまえば、自分自身は成長しない。優れた人の凄さに圧倒されて、自分もそうなるように成長していく可能性を自ら潰してしまったからである。

　もう一つ、平凡な人間の取りがちな態度は、自分の周辺の優れた人に嫉妬や反発のような感情を抱き、わざと無視したり敵視したりすることである。もちろん、それもまた、自分のためになることは何もない。優れた人を敵視したところで、自分は何も変わらないのである。

　その際、自分自身のためになる賢明な態度とは、やはり孔子のいう「賢を見ては斉しからんことを思う」ことであろう。周りに優れた人がいれば、その人に倣って自分自身の能力を高めたり自分自身の知識を広げたり、自分自身の性格を磨いたりするのである。たとえその人のレベルに達することができなくても、「斉しからんこと」を思って努力さえすれば、少なくとも自分自身には何らかの進歩があって、自分自身のレベルがある程度上がることはあるだろう。

優れているほうの人にしても、おそらく以前からそういう努力をしているからこそ優れた人になったわけであって、そうしなければ、誰も優れた人にはならないはずである。

以上は、優れた人を見たときに「斉しからんことを思う」ことの重要性であるが、ならば、「不賢」な人、つまらない人を見たら、われわれはどうすべきか。孔子はいう。「不賢を見ては内に自ら省みる」と。

われわれ普通の人間が、つまらない人を見たときにとりがちな態度の一つは、心の中でその人のことを「馬鹿」だと罵倒し、徹底的に軽蔑することである。自白するが、私自身も時々、そうなってしまうことがある。

しかし、ここでまずは一度、自分自身に問うてみたほうが良いと思う。「あの人は馬鹿だ」「あの人は阿呆だ」と思っているが、ひょっとしたら自分自身の中にも、「あの馬鹿」と同じような馬鹿な部分、あるいはそれ以上に馬鹿な部分があるのではないか、と。

あるいは自分自身も、「あの馬鹿」と同じような立場や状況におかれると、彼と同じような馬鹿なことをやってしまう可能性もあるのではないか、と考えてみることは重要であろう。

そして、このことを真剣に考えていれば、実は自分も「あの馬鹿」とは大差のないことに気がつくこともあるだろう。

このような気づきがあるから、われわれは自分自身の中で自己反省を行い、そこから自己改革や自分の精神の向上をはかることができるのであろう。そしてそれは自ずと、自分自身の人間としての成長につながるのである。それはすなわち、『論語』が教えるところの、「不賢」を見たときにわれわれがとるべき態度である。

こうして見ると、『論語』というのは実に優れた「賢者の書」であることが良くわかる。社会生活の中で、われわれの周辺には、自分より優れた人間と、自分よりも劣った人間の二種類があると思うが、『論語』の前述の言葉に従って実践すれば、われわれは結局、優れた人間と劣った人間の両方から学ぶべきことを学んで、それを自分自身の向上と完成につなげることができるからである。

どう考えても、『論語』を読んで損をすることは、まずないであろう。

『論語』が教える、友人の選び方

相手が賢者であろうと「不賢」な人であろうと、われわれは社会生活を送っていく中で、いつも何人かの友人を持つことになる。友人はわれわれにとって、家族に次ぐ大事な存在である。

それではわれわれはいったい、どういう人を友人に持つべきなのか。それに関して、孔子が『論語』の中でよく口にしている言葉の一つに、「無友不如己者」(己れに如かざる者を友とすること無かれ)というのがある。

たとえば『論語・学而第一』で、孔子は、「君子」たる者の心得を語るときにこう述べている。

「子の曰わく、君子、重からざれば則ち威あらず。学べば即ち固ならず。忠信を主とし、己れに如かざる者を友とすること無かれ。過てば則ち改むるに憚ること勿かれ」

あるいは『論語・子罕第九』のなかで、同じように「君子」たる者のあり方について語るときに、孔子はこう述べている。

「子の曰わく、忠信を主とし、己れに如かざる者を友とすること無かれ。過てば則ち改むるに憚かること勿かれ」

両方の「無友不如己者」は表現も意味もまったく同じであって、金谷治氏の現代日本語訳に従えば、要するに「自分より劣ったものを友だちにはするな」という意味合いである。

こうして見ると、友だち選びに関して孔子が一貫して強調しているのは、要するに自分よりも劣った人間を友だちにしてはいけない、ということである。

このような友の選び方は狭いといえば狭いし、自己本位といえば見事に自己本位である。したがって、われわれとしては孔子のいう「無友不如己者」の意味をむしろ、「できるだけ自分よりも、どこかの点で優れている人を友人に選んだほうが良い」と理解すべきであろう。

それは、「何でもかんでも自分より優れている人を友人に選べ」という意味合いではない。というのも、自分より何でもかんでも優れている人が、同じ孔子の「無友不如己者」に従って友を選ぶのであれば、逆にいえば、そもそもこの自分を友だちにすることは、まずないからである。

こうして見ると、われわれが孔子の「無友不如己者」から学ぶべきことは、少なくとも一つの点か二つの点で自分よりも優れている人、自分よりも上である人を友だちに選んで付き合っていったほうが良い、ということである。

たとえば、知識の量が自分より多い人、人生の経験が自分より豊富な人、物事の見方が自分より多角的である人、状況への把握と判断が自分より冷静でしっかりしている人、趣味の分野が自分より広い人、人脈が自分より広い人などなど、こういう人と友だちになって付き合っていれば、自分自身の向上にも繋がるし、いざというときには自分自身の助けにもなるだろう。

そしてもちろんのこと、こういう人と友人として長く付き合っていくためには、自分自身もどこかの点で人よりも優れていないといけないし、いざというときに友人を助けてやれるほどの見識と力を備えていなければいけない。

つまり、こういう人と友人になるだけで、そしてこのような友人関係が維持されているだけで、自分自身は常に向上を目指して頑張るから、こうした友人を持つことはまさに良いことずくめなのである。

より積極的な友人の選び方、付き合い方

こうして見ると、「無友不如己者」というのは、孔子がわれわれに教える友人選びの最低限の基準であるが、その一方で、孔子はより積極的な友人の選び方を次のように語っている。

『論語・季氏第十六』には、こういう言葉がある。

「孔子の曰(のたま)わく、益者(えきしゃ)三友、損者三友。直きを友とし、諒(まこと)を友とし、多聞を友とするは、益なり。便辟(べんぺき)を友とし、善柔を友とし、便佞(べんねい)を友とするは、損なり」

この孔子の言葉に対する金谷治氏の現代日本語訳はこうである。

「有益な友だちが三種、有害な友だちが三種。正直な人を友だちにし、誠心の人を友だちにし、もの知りを友だちにするのは、有益だ。体裁ぶったのを友だちにし、うわべだけのへつらいものを友だちにし、口だけたっしゃなのを友だちにするのは、害だ」(金谷治訳注、前掲書)

ここでは孔子が、どういう人を友だちにすべきか、どういう人を友だちにすべきでないかについて、われわれに大事なアドバイスをしてくれているわけであるが、筆者によるそれ以上の解説はもはや必要ないだろう。まさに孔子のいうとおりである。孔子のいうとおりに友人選びをすれば、われわれは損をすることはまずないであろう。

良い人を友人に選んで付き合い始めると、友人関係をどうやって維持していくのかが次の課題になる。『論語』には、良き友人関係を保っていくための心得を語る場面が多くあるが、私自身が特に感銘を受けているのは次の言葉である。

『論語・顔淵第十二』「子貢、友を問う。子の曰わく、忠告して善を以てこれを道びく。不可なれば則ち止む。自ら辱めらるること無かれ」

金谷治氏の現代日本語訳は次のとおり。

「子貢が友だち〔との交わり〕のことをおたずねした。先生はいわれた、『忠告して善道によって導びくべきだが、きかれなければやめて、〔むりじいをして〕われから恥をかくことのないように。』」（金谷治訳注、前掲書）

孔子がここでいっているのは要するに、友人の一人が過ちを犯してしまった場合、あるいは誤った道に走ってしまった場合、われわれはどうすべきなのかということである。

もしわれわれが、それに目をつぶって何も言わないなら、友人関係に何の問題も生じてこないが、しかしそれは友人に対する正しい態度ではない。友人の過ちを見て見ぬふりをするのは、良識に反しているし、友人のためにもならない。真の友であるなら、相手を一度諫めるべきであろう。一度諫めることで、友人としての義務を果たすことができるのである。

しかし、その友人はあくまでも一個の独立人格であり、自分自身の価値観と判断基準がある。友人の行いに関して、われわれが「それは間違っている」と思っていても、あるいは世間一般の常識からすれば、それが確かに間違っているとしても、この友人自身がもし、自分の行いが正しいと信じてそれを改める気がない場合、あるいは意地を張って他人からの諫めに耳を傾けるつもりのない場合、われわれはもうそれ以上言う必要はない。

それ以上言ってしまうと、友人から拒否されたり反発されたりして、辱めを受けるのはこっちのほうだからである。そして場合によっては、友人関係そのものが壊れるかもしれない。だから、それ以上言わないほうが良い。

次の問題は、友人がわれわれからの諫めを無視して、われわれが「間違っている」と思う行為を続けていく場合、われわれはどうすべきなのかである。これに関しては、『論語』は何もいっていない。そういうところこそ、われわれ自身が『論語』からの問題提起を真剣に受け止めて、自分自身の頭で考えるべきなのである。

もし私の友人が諫めを聞かずに、私が「誤った」と思うような行いを続ける場合、そこでまず考えるべきなのは、友人のこの「誤った」行為の性格である。もし私自身の価値観からすれば、あるいは世間一般の良識からすれば、友人の行いがどうしても許すことのできない悪質なものであるなら、自分の取るべき最良の選択は、やはりこの友人と絶交することであろう。孔子もいっているように、このような友人と付き合っていても、われわれ自身は損するばかりである。そして、この悪い友人との交遊を続けていたら、自分自身が世間からその人の「同類」だと思われてしまう危険性がある。だから、交わりを絶つのは賢明であろう。

しかし、もし友人の誤りが程度の軽いものであって、いわば「玉についたかすり傷」程度のものであれば、われわれの取るべき態度はむしろ、それに目をつぶって今までどおりに友人と付き合っていくことであろう。人間には誰でも誤りがあって良くない癖があるから、友人の過ちや悪い癖をいっさい許さないような態度を取っていると、そもそも誰とも友人にはなれないし、逆に誰からも友人扱いされることはない。

だから、そういう場合、「あいつは阿呆だな」と一言呟きながらも、友人の過ちや悪い癖をそのまま看過することも大事であろう。

それは、筆者の私が孔子の言葉を受けて、そこから展開した私自身の考えであるが、実はそれもまた、『論語』に対する有益な読み方の一つであろう。『論語』の言葉に思考が限定されてそれで終わるのではなく、そこから出発して自分自身の考えを展開していくことはまた、『論語』読みの醍醐味の一つである。

良き社会人であるための『論語』の言葉

人間は社会的動物であるゆえ、友人と付き合う以外にも、さまざまな場面でさまざまな人々と交わることになる。会社組織にあっては同僚・上司と交わり、地域社会にあっては町内の人々と交わり、そして一人の人間としてはより広い意味での世間一般とも付き合うことになる。こうしたさまざまな場面において、われわれは性格の異なったさまざまな人間関係にどう処していくべきなのか。

『論語』はこの点に関しても、実に有益なことをいろいろ教えてくれている。

たとえば、「君子に侍する部下」の心得について、孔子の語った次の言葉は、現代の企業組織に勤めるサラリーマンにも通用するものである。

『論語・季氏第十六』「孔子曰く、君子に侍するに、三愆有り。言未だ之に及ばずして言う、之を躁と謂う。言之に及びて言わず、之を隠と謂う。未だ顔色を見ずして言う、これを瞽と謂う」（加地伸行全訳注、前掲書）

加地伸行氏は、これを次のような現代日本語に訳している。

「孔先生の教え。上位の人のそば近くに付き従うときに、三つの〈犯してはならない〉過ち（愆）がある。まだ自分の番に回ってこない内に発言する、これはせっかち。自分が話す番になったのに発言しない、これは隠しだて。上位の人の気持ちを無視して発言する、これは勝手放題」（加地伸行全訳注、前掲書）

会社組織にあっては、さまざまな場面で発言することがある。たとえば、会議などにおいて自分の意見を述べたり、さまざまな提案や提言を行ったりするのは、ビジネスパーソンの仕事のうちである。

その一方、会社は組織であるから、上司というものがいて組織の仕来りもある。

ビジネスパーソンは誰でも、発言するときには、それらに気をつけなければならないのである。

たとえば、部内の会議で提言を行ったり意見を言ったりするには、順番というものがある。普通は部門の長がまず話をして、先輩格の社員が続き、最後は新米社員の話す番となろう。しかしもし、一人の新米社員がわれ先にと、上司や先輩をさしおいて発言してしまった場合、たとえその発言が正しいものであっても、おそらく会議の雰囲気が壊され、この新米社員は上司や先輩の不興を買って、自らの評判を落とすことになるだろう。

正しい発言であっても、自分の順番が回ってきてから発言するのが賢明である。もし自分の順番が回ってこないうちに会議が終わろうとしているなら、そのときは「一つよろしいでしょうか」と手を上げればいいだろう。

とにかく順番が回ってこないうちに発言するのは、やはり良くない。そして、自分の順番が回ってきたときに発言しないのもまた良くない、と孔子はいっている。発言すべきときに発言しないと仕事の役に立たないし、上司や同僚からは能力がないのか、積極性がないのかと思われるだろう。これでは、会社も当の本人も損をすることになる。

自分の信ずる道を歩めば良い

最後にもう一つ、孔子は、ビジネスパーソンあるいは組織人がどう発言すべきかについてアドバイスをしている。それはすなわち、発言するときには、やはり上司や組織の長の気持ちを忖度（そんたく）すべきであって、それを無視してはならない、ということである。

例の森友学園問題以来、「忖度」という言葉は、今の日本では評判がかなり悪くなっているようだが、会社などの組織においては、やはり「忖度」は時々必要なのである。部下の立場にいる人は、何かの発言をするとき、特に批判的な発言をするときに、やはり組織の長や自分の上司の気持ちを考慮したほうが良いと思う。

もちろん、その際も、正しい意見はやはり言うべきである。組織の長や上司の気持ちに配慮するあまり、正しい意見が言えなくなるのは決して良いことではない。われわれは、部門の長や上司の気持ちを忖度した上で、意見を言うときの言い方と場所を選ぶことができるのだ。たとえば、組織の長や上司への批判になるような意見は、皆の前で言うのではなく、この組織の長や上司と個別に話すのも一つのやり方である。そうすれば会社のための正しい意見が言える一方、組織の摩擦や不調和が最小限に食い止められるだろう。

　これもまた、倉庫番から一国の大臣までを務めた常識人の孔子が、現代に生きる普通のビジネスパーソン、組織人に与える、良いアドバイスの一つである。孔子の言葉に耳を傾けることは、われわれにとって概して有益である。

　われわれは会社などの組織の中で、そして社会の中で生きている以上、この組織の中での自分の評判、あるいは社会一般の自分に対する評価がやはり気になるところである。われわれは常に組織の中、あるいは社会一般の自分に対する評価を意識して行動している。しかし、時にはそれを意識しすぎると、逆に臆病になって何もできなくなる場合がある。

　組織や社会からの評価にどう向かい合うか、それは社会人であるわれわれの悩みの一つであるが、これに関し、孔子は『論語』の中で一つの解決法を提示している。

『論語・子路第十三』「子貢問いて曰(い)わく、郷人(きょうじん)皆なこれを好(よみ)せば何如(いかん)。子の曰(のたま)わく、未だ可ならざるなり。郷人皆なこれを悪まば何如。子の曰わく、未だ可ならざるなり。郷人の善き者はこれを好し、其の善からざる者はこれを悪まんには如かざるなり」

金谷治氏の現代日本語訳はこうである。

「子貢がおたずねしていった、『土地の人がみなほめるというのは、いかがでしょうか。』先生はいわれた、『十分じゃない。』『土地の人がみな憎むというのは、いかがでしょうか。』先生はいわれた、『十分じゃない。土地の人の善人がほめて悪人は憎むというのには及ばないよ。』」（金谷治訳注、前掲書）

ここでは弟子の子貢が、もし自分（あるいは別の誰か）が土地の人々の皆から褒められた場合、あるいは皆から憎まれた場合、それがどうであろうかと孔子に聞いているのである。それに対して孔子は、「皆に褒められること」と「皆に憎まれること」の両方ともが「十分じゃない」と答えた。

「皆に褒められること」に関し、それが「十分じゃない」というのは何となくわかる。誰からも褒められるような人間は、往々にして八方美人でありすぎて完璧な人間ではない、と理解することができるからである。

しかし、「皆に憎まれること」に関して、孔子が同じように「十分じゃない」と答えたことの意味は、やはりわかりにくい。「皆に憎まれていても、それでこの人が悪人であると判断するのには十分ではない」と言っているのかもしれないが、真意のほどは定かではない。

『論語』を読むと、このような難解な言い方に出会うことが時々あるが、その際は無視して飛ばせば良い。留意すべきなのはむしろ、孔子の最後の言葉である。「土地の人の善人がほめて悪人は憎むのに及ばないよ」と。

孔子はここで、人間にとってのもっとも良い評判のされ方を語っているのである。組織の中でも社会の中でも、われわれにとってのより良い評判のされ方、あるいはもっとも喜ばしい社会的評価とは要するに、良い人からは良いように評価され、悪い人からは悪いように評価され、あるいは憎まれることであると。

考えてみれば、それはそのとおりである。警察官が犯罪組織の壊滅に尽力すれば、警察組織や一般市民からは大いに評価される一方、当の犯罪組織の人々からは当然、悪評を買い、憎まれるだろう。犯罪組織と一般市民の両方から評価されるような警察官はまずいないし、逆に、ある警察官が、もし警察組織からも市民からも評価されず、犯罪組織からも憎まれていなかったら、その意味するところは、要するにこの警察官は仕事らしい仕事をほとんど何もしていない、ということであろう。

別に警察官でなくても、われわれ普通の人間でも同じである。何かの仕事を成し遂げた場合、あるいは何らかの行動をとった場合、それに対する両面からの異なった評価、場合によっては正反対の評価があることはむしろ普通である。

その際、われわれは自分の成し遂げた仕事や取った行動が多くの人々のためになっていると信じれば、そして多くの人々から実際に評価されていればそれで十分であって、一部の人々から文句を言われても憎まれても別に構わないのだ。

つまり、どんなことをしても両面からの評価があるのなら、自分の信ずる道を歩めば良いし、自分が信じる人々に褒めてもらったらそれで十分である。逆に、すべての人々の評価が気になって八方美人になると、われわれは何もできなくなるだろう。

たとえば、言論人としての私、石平の場合もそうである。私の普段の言論活動は、多くの人々から評価され支持されている。それと同時に、特定の政治思想や特定の中国観を持つ一部の人々から批判されていることは、百も承知である。しかし私は、そういう人々からの悪評や批判をいっさい気にしない。気にしないことにしている。どんなに批判されていても、自分の信ずる道であれば、怯えることはいっさいない。自分の仕事が実際、多くの人々に評価され支持されているから、それが心の支えになるのである。孔子のいうことは実にためになる、とつくづく思う。

「出でては即ち公卿に事え、入りては則ち父兄に事う」

それでは最後に一つ、良き社会人になるための『論語』の言葉を紹介しよう。それはまた、私自身が深い感銘を受けた金言の一つでもある。

『論語・子罕第九』「子の曰わく、出でては即ち公卿に事え、入りては則ち父兄に事う。喪の事は敢えて勉めずんばあらず。酒の困を為さず。何か我れに有らんや」

金谷治氏はこれを現代日本語にこう訳している。

「先生がいわれた、『外では公や卿〔という身分の高い人々〕によくお仕えし、家では父や兄たちによくお仕えし、葬い事にはできるかぎり勤め、酒のうえのでたらめはしない。〔それぐらいは〕わたくしにとって何でもない。』」（金谷治訳注、前掲書）

ここではまず、孔子のいう「外では公や卿にお仕えする」ことを、現代風の「外では会社や職業にお仕えすること」に置き替え、「家では父や兄たちによくお仕えすること」に「女房」という項目を付け加えよう。そうすると、孔子のこの言葉は見事に、われわれ現代人のためになるのである。

会社では真面目に働いて自分の職業に励み、家庭にあっては親孝行と奥方孝行を力行する。自分の住む町内や親戚、友達圏内でご不幸があれば、直ちにお通夜に駆けつけてお葬式にもちゃんと出る。時には、会社の同僚や友人や町内の人々と酒を酌み交わすこともあるが、そういうときは酒乱などいっさい起こさず、皆と和気藹々と酒を楽しむのである。

これが『論語』の教える、一人の社会的人間のあるべき振る舞いである。われわれ一人一人がこれらのことを心にかけて実践していれば、社会はそれ以上、われわれに何を望むというのか。このような人間こそ、会社からも親族からも友人からも町内からも評価され、愛される、社会の立派な一員ではないだろうか。

二千五百年前の中国で生まれた『論語』は、このように現代を生きるわれわれ普通の人間に、さまざまな大事なことを教えてくれるのだ。だからこそ、『論語』は大いに読むべきであろう。

あとがき

本書では、多くのページを使って『論語』と「儒教」とはまったく別々のものであることを立証してきた。そして、『論語』がわれわれの人生にとって有意義な「善」の書であるのに対し、朱子学と礼教を含めた「儒教」は結局、政治権力の正当化と人間性の抑圧を本領とする「悪の教学」であったことを、明らかにした。

『論語』が語るのは、「愛」であり、思いやりの「恕」であり、温もりのある「礼節」であった。だが、後世の儒教や礼教はもっぱら、「大義名分」たるイデオロギーによって、人間の真情としての「愛」や「恕」を殺そうとし、実際にそれらを見事に殺した。

前漢から南宋期までの千数百年間は董仲舒流の儒教が中国社会を支配し、元朝から清末までの六百数十年間は朱子学と礼教が支配したわけだが、その間の中国は、まさに「悪の教学」の毒によって冒されているかのごとき異様な社会となっていた。

また、本場の中国よりも「朱子学中毒」となった朝鮮半島の李朝五百年もやはり、窒息しそうな病的時代であったといってよいだろう。

儒教と礼教が支配していた中国と朝鮮でも、いわゆる読書人階層は『論語』を一応は読んでいたはずである。だが、彼らは『論語』の心を理解しようとせず、『論語』の精神を実践に移すこともなかった。「権力への奉仕」を生きがいとする彼らの語る「仁義礼智信」とは、たんなる建前や欺瞞であったにすぎなかった。

そのような中韓とまったく違ったのが日本である。日本人は古代から『論語』を読んできたが、江戸時代になって朱子学を「官学」として受け入れて以降も、『論語』は重んじつつ、しかし礼教には最初からほぼ一顧だにしなかった。そして、江戸時代の代表的な儒学者たちは、最初は朱子学から出発しておきながらも、やがて朱子学を打ち捨て、「真の儒学」を求めていったのである。

とりわけ、京都の「町の儒学者」である伊藤仁斎がたどり着いたものこそ、『論語』であった。彼は『論語』のなかに人間の「愛」を再発見し、『論語』を「宇宙第一の書」として推奨したのである。

おそらく仁斎の推奨の功もあったのだろう。江戸時代から現在に至るまで、儒教のいわゆる「四書五経」のうち、日本で一番広く読まれて、日本人に一番親しまれてきたのは『論語』であった。

今でも、日本中のどこの書店を覗いてみても、『論語』をテーマとする教養本が必ず並んでおり、日本全国に「論語塾」や「子供論語教室」さえある。日本人は、礼教とは最初から無縁であったし、朱子学からも離れているが、『論語』だけには一貫して根強い愛着があるのである。

結局、中国と朝鮮が儒教と朱子学によって支配されたのに対し、日本人は昔から自分たちの好みで『論語』を愛読し、『論語』の精神を心得ている。そして、まさにその重要な違いから、日本人と中国人・韓国人との「道徳格差」が生じてきたのであろう。

『論語』をこよなく愛読し、『論語』の言葉に親しんできた日本人が、自分たちの道徳観の根底に置くのは、人間の真情としての「愛」であり、思いやりとしての「恕」であった。だが、人間性の抑圧と欺瞞を基本とする儒教イデオロギーに支配されてきた中国社会や韓国社会は、そうではなかった。彼らが日本とはまったく違った道徳倫理観を持っていても、何の不思議もない。

今後、彼らと付き合っていくうえで、われわれは、この重要な違いを心に深く銘記しておくべきではなかろうか。

最後に、本書の企画趣旨に多大なご理解をいただき、本書の刊行に多大なご尽力を下さったPHP研究所第一制作部の川上達史編集長に心からの御礼を申し上げたい。そして、本書を手にとってくださった読者の皆様に、深く感謝申し上げたい。

平成三十一年二月吉日

奈良市内、独楽庵にて

石　平

著者紹介

石　平（せき・へい）

1962年、中国四川省成都生まれ。北京大学哲学部卒業。四川大学哲学部講師を経て、1988年に来日。1995年、神戸大学大学院文化学研究科博士課程修了。民間研究機関に勤務ののち、評論活動へ。2007年、日本に帰化する。
著書に『なぜ中国から離れると日本はうまくいくのか』(PHP新書、第23回山本七平賞受賞)、『なぜ日本だけが中国の呪縛から逃れられたのか』(PHP新書)、『新中国史』(PHP研究所)、『中国人の善と悪はなぜ逆さまか』(産経新聞出版) など多数。

本書は、2019年３月にPHP研究所より刊行された『なぜ論語は「善」なのに、儒教は「悪」なのか』を改題し、加筆・修正したものである。

ＰＨＰ文庫　論語の「愛」に目覚めた日本人
儒教を「権力」の道具にした中国人

2022年6月16日　第1版第1刷

著　者　石　平
発行者　永田貴之
発行所　株式会社ＰＨＰ研究所
東京本部　〒135-8137 江東区豊洲5-6-52
PHP文庫出版部　☎03-3520-9617(編集)
普及部　☎03-3520-9630(販売)
京都本部　〒601-8411 京都市南区西九条北ノ内町11
PHP INTERFACE　https://www.php.co.jp/
組　版　月岡廣吉郎
印刷所
製本所　図書印刷株式会社

ISBN978-4-569-90224-1

PHP文庫

仕事に効く！「孫子の兵法」

齋藤 孝 著

著者の実体験やさまざまなエピソードを交えて、『孫子』由来の名句を仕事に活かす方法を紹介する。負けないための戦略が身につく。

PHP文庫

[新訳]フランス革命の省察

「保守主義の父」かく語りき

エドマンド・バーク 著/佐藤健志 編訳

行動する思想家として活躍した保守派の父・バークの代表作を新訳。フランス革命の真実が見えてくる。中野剛志氏の解説付き。

PHP文庫

台湾の主張［新版］

李 登輝 著

2020年7月に逝去した、台湾民主化の父による代表作を、装い新たに文庫化。著者と生前に交流があった作家・門田隆将氏による解説付き。

PHP文庫

最高の教養！ 世界全史

「35の鍵」で流れを読み解く

宮崎正勝 著

「35の鍵」で世界史の大きな流れを読み解き、それが起こった背景や現代から見た意味を、時系列でわかりやすく解説する。

PHP文庫

ウラ事情がわかる！「ユダヤ」で読み解く世界史

佐藤唯行 著

「ユダヤ・パワー」「反ユダヤ主義」「日本とユダヤ」……。ユダヤが世界史とどう関わってきたのかを、基礎知識なしで読める本。